Liderazgo, Innovación y Sostenibilidad:
Una Visión desde la Empresa

Vladimir Vega Falcón

David Salas Granda

Wilson Salas Álvarez

Bayardo Monteros Vaca

Copyright © 2024

Todos los Derechos Reservados.

ISBN: 9798343410884

Ninguna parte de esta publicación puede ser reproducida, distribuida o transmitida en cualquier forma o por cualquier medio, incluyendo fotocopia, grabación u otros métodos electrónicos o mecánicos, sin el permiso previo por escrito del editor o del autor, excepto en el caso de citas breves en reseñas críticas y ciertas otras situaciones no comerciales permitidas por la ley de derechos de autor.

Dedicatoria

A aquellos que desafían el status quo, liderando con visión, pasión y responsabilidad.

Dedicamos este libro a todos los líderes y profesionales que buscan no solo guiar con eficacia, sino transformar sus entornos de manera sostenible e innovadora. A los educadores y estudiantes de gestión organizacional, que, con su curiosidad incansable y su dedicación, se esfuerzan por comprender y mejorar el mundo empresarial.

En especial, a nuestros colegas y alumnos, cuya valiosa interacción ha enriquecido cada página de esta obra. A nuestras familias y amigos, por su apoyo incondicional y por ser una constante fuente de inspiración y motivación.

Que este libro sirva como una herramienta para inspirar cambios positivos y alentar la implementación de prácticas más sostenibles y éticas en el mundo empresarial.

Con gratitud,

Los autores

Contenido

Introducción 1

Capítulo 1. Revisión de las Diferentes Teorías del Liderazgo 3

    1.1 Conceptos de liderazgo 4

    1.2 Teoría de los rasgos 9

    1.2.1 Críticas a la Teoría de los Rasgos 11

    1.3 Teoría conductual o funcional 13

    1.4 Teorías situacionales o de contingencia (enfoque situacional) 17

    1.5 Enfoque de Bass sobre liderazgo trasformacional 19

    1.6 Teorías de liderazgo estratégico 22

    1.6.1 liderazgo y estrategia empresarial 24

    1.7 Teorías implícitas del liderazgo 25

    1.8 La Inteligencia Emocional y el liderazgo 27

    1.9 El liderazgo ético 29

    1.10 Preguntas variadas sobre el liderazgo 32

    1.11 Casos de éxito en liderazgo 46

    1.11.1 Caso hipotético de éxito en liderazgo 46

    1.11.2 Caso real de éxito en liderazgo 47

    1.11.3 Caso real de éxito de liderazgo en el deporte 48

    1.12 Preguntas de reflexión 49

    1.13 Crucigrama sobre liderazgo 50

    1.14 Sopa de letras sobre liderazgo 53

    1.15 Resumen del capítulo 53

Capítulo 2. Las Concepciones del Cambio Organizacional 57

    2.1 Concepto de cambio organizacional 58

    2.2 La visión racionalizadora 61

2.3 La visión de la adaptación 64

2.4 La visión desde la autoorganización 68

2.5 Preguntas variadas sobre gestión del cambio................................72

2.6 casos de éxito de cambio organizacional 76

2.6.1 Caso de éxito hipotético de cambio organizacional 76

2.6.2 Caso de éxito real de cambio organizacional 77

2.6.3 Caso de éxito en el deporte de cambio organizacional 78

2.7 Preguntas de reflexión sobre cambio organizacional.....................80

2.8 Resumen del capítulo..81

Capítulo 3. Innovación y Disrupción en las Organizaciones.....................83

3.1 Conceptos de innovación 84

3.1.1 Disrupción en las organizaciones..89

3.2 Tipos de innovación 90

3.3 Retos y perspectivas de la innovación 96

3.4 La innovación de los países 98

3.5 Medición de la innovación 101

3.6 Preguntas variadas sobre innovación 103

3.7 Casos de éxito de innovación 108

3.7.1 Caso de éxito hipotético de innovación 108

3.7.2 Casos de éxito real de innovación 109

3.7.2.1 Caso de éxito real de innovación en el deporte 110

3.8 Preguntas de reflexión 111

3.9 Resumen del capítulo..112

Capítulo 4. Sosteniblidad Empresarial..115

4.1. Introducción a la sostenibilidad empresarial 115

4.1.1 Definición de sostenibilidad 115

4.1.2 Importancia de la sostenibilidad para las empresas...................117

4.2 Relación entre la sostenibilidad y la estrategia empresarial..........119

4.2.1 Ejemplos de empresas que han incorporado la sostenibilidad en su estrategia 121

4.2.2 La sostenibilidad como motor de la innovación empresarial......123

4.2.3 La importancia de la innovación para la sostenibilidad 124

4.3 Ejemplos de innovaciones sostenibles en distintas industrias.......125

4.4 La toma de decisiones empresariales y su relación con la sostenibilidad 127

4.4.1 Cómo incorporar la sostenibilidad en la toma de decisiones empresariales..129

4.4.2 Beneficios de tomar decisiones sostenibles...............................130

4.4.3 El bienestar empresarial y la sostenibilidad 131

4.4.3.1 Ejemplos de empresas que han mejorado su bienestar empresarial a través de prácticas sostenibles 133

4.5 El liderazgo sostenible..135

4.5.1 El papel del liderazgo en la sostenibilidad empresarial 136

4.5.1.1 Cómo desarrollar líderes sostenibles 138

4.6 Preguntas variadas sobre sostenibilidad..140

4.7 Casos de éxito de sostenibilidad..144

4.7.1 Caso de éxito hipotético de sostenibilidad 144

4.7.2 Caso de éxito real de sostenibilidad 145

4.7.3 Caso de éxito de sostenibilidad en el deporte 146

4.8 Preguntas de reflexión 146

4.9 Preguntas integradoras de todo el libro 147

4.10 Resumen del capítulo...153

Conclusiones 155

Anexos 157

Anexo 1: Solución al crucigrama sobre liderazgo:...........................157

Anexo 2: Solución a la sopa de letras sobre liderazgo 158
Referencias Bibliográficas 159
Acerca de los Autores 169

Agradecimientos

Este libro es el resultado de numerosas contribuciones y colaboraciones que nos han inspirado y apoyado a lo largo de su realización.

Nuestro más profundo agradecimiento a los colegas académicos y profesionales de la industria, cuyas ideas y experiencias han sido fundamentales para la profundidad y amplitud de este trabajo. Sus perspectivas y críticas constructivas no solo han enriquecido este texto, sino que también han desafiado y expandido nuestro propio entendimiento sobre liderazgo, innovación y sostenibilidad.

A nuestros estudiantes, quienes, con su entusiasmo y curiosidad innata, nos impulsan a ser mejores educadores y aprendices perpetuos.

Nuestras familias merecen una mención especial por su amor y paciencia incondicionales. Gracias por estar siempre ahí, ofreciéndonos un hogar lleno de apoyo y comprensión en los momentos más intensos de la escritura de este libro.

Cada uno de ustedes ha jugado un papel crucial en la materialización de este proyecto, y por eso, estamos eternamente agradecido.

Con gratitud,

Los autores

Introducción

Bienvenidos al libro "**Liderazgo, Innovación y Sostenibilidad: Una Visión desde la Empresa**". Este libro tiene como objetivo general interpretar el liderazgo, la innovación y sostenibilidad en el contexto empresarial y bajo una visión de la gestión del cambio.

Esta obra es una guía exhaustiva para aquellos que buscan entender y aplicar conceptos clave para el éxito empresarial en el mundo actual. Con un enfoque académico y profesional, este libro ofrece una revisión detallada de diferentes teorías del liderazgo, concepciones del cambio organizacional, innovación y sostenibilidad empresarial, así como casos de éxito en cada uno de estos temas. A través de preguntas de reflexión, resúmenes de capítulos y referencias bibliográficas, este libro busca motivar al lector a aplicar estos conceptos en su propia vida profesional y empresarial.

El liderazgo, el cambio organizacional, la innovación y la sostenibilidad son elementos cruciales para el éxito de las empresas en el entorno empresarial actual. Este libro explora la relación entre estos conceptos y su impacto en la empresa moderna. A través de una amplia y actualizada revisión de la literatura, se proporciona una visión integral de cómo el liderazgo, el cambio organizacional, la innovación y la sostenibilidad pueden ser utilizados para mejorar el rendimiento y la competitividad de las empresas.

En el primer capítulo, "Revisión de las diferentes teorías del liderazgo", se analizan las distintas teorías y enfoques del liderazgo que han surgido a lo largo del tiempo. Se discute cómo estas teorías pueden ser aplicadas en la empresa moderna para lograr el liderazgo efectivo y cómo este puede influir en el proceso de innovación y cambio organizacional.

En el segundo capítulo, "Las concepciones del cambio organizacional", se exploran las diversas concepciones del cambio organizacional y cómo estas pueden ser aplicadas en la empresa moderna. Se discuten las distintas formas de cambio organizacional, los factores que influyen en el éxito o fracaso de estos cambios y los procesos que deben ser seguidos para asegurar un cambio efectivo.

En el tercer capítulo, "Innovación y disrupción en las organizaciones", se analiza el papel de la innovación y la disrupción en la empresa moderna. Se discuten las diferentes formas de innovación y cómo estas pueden ser utilizadas para lograr ventajas competitivas en el mercado. Además, se aborda el concepto de disrupción y su impacto en las empresas, tanto positivo como negativo.

Finalmente, en el cuarto capítulo, "Sostenibilidad empresarial", se argumenta la importancia de este concepto para el mundo de la empresa, entrelazándolo con los contenidos anteriores.

Este libro es una herramienta esencial para líderes empresariales, emprendedores y estudiantes de negocios que buscan comprender el papel del liderazgo, el cambio organizacional, la innovación y la sostenibilidad en el éxito de las empresas modernas. La amplia revisión de la literatura proporciona una visión integral de los diferentes enfoques y teorías, mientras que los ejemplos prácticos y las mejores experiencias ayudan a los lectores a aplicar estas teorías en la práctica.

Capítulo 1. Revisión de las Diferentes Teorías del Liderazgo

El **objetivo de este capítulo** es caracterizar las diferentes teorías del liderazgo.

El concepto de liderazgo es muy antiguo y se ha utilizado a lo largo de la historia en diferentes contextos sociales, políticos, militares y religiosos. En el ámbito académico, el estudio sistemático del liderazgo se remonta al siglo XIX, aunque se puede decir que el concepto moderno de liderazgo surgió en la década de 1930 con los trabajos de investigadores como Kurt Lewin y Ralph Stogdill.

Sin embargo, es difícil atribuir el concepto de liderazgo a una sola persona. En lugar de eso, se puede decir que el concepto de liderazgo ha evolucionado a lo largo del tiempo y ha sido influenciado por numerosos pensadores, teóricos y prácticos. Algunos de los nombres más destacados en la historia del pensamiento sobre el liderazgo incluyen a Sun Tzu, Maquiavelo, Thomas Carlyle, James MacGregor Burns y Warren Bennis, entre muchos otros.

1.1 Conceptos de liderazgo

El liderazgo es un tema ampliamente estudiado y debatido en la literatura académica. A continuación, se define este importante concepto, de acuerdo con diversos enfoques dentro de esta línea de investigación:

- El liderazgo es, antes que todo, una posibilidad de las personas, que puede desarrollarse o no, dependiendo de su voluntad y del medio que las rodea. No es algo exclusivo de un grupo determinado de la sociedad.

- El liderazgo emocional es esencial para una gestión efectiva y afecta significativamente tanto a los empleados, en términos de motivación y compromiso, como a los resultados y el clima organizacional de la empresa. El liderazgo emocional por parte del líder representa un factor relevante en la efectiva gestión y administración de una organización.

- El liderazgo transformacional es un estilo que se basa en la creación de una visión atractiva que los seguidores adoptan con entusiasmo. Los líderes transformacionales influyen en las actitudes de sus seguidores a través de la inspiración, la consideración individualizada y la estimulación intelectual. Este tipo de liderazgo no solo supervisa o gestiona, sino que establece una relación dinámica de estimulación y elevación mutua entre líderes y seguidores, transformando seguidores en líderes y líderes en agentes morales, promoviendo un cambio profundo en actitudes y valores. El liderazgo transformacional implica inspirar e involucrar a los empleados en un cambio positivo y en la mejora continua de la organización.

- El liderazgo es el proceso de influir y apoyar a otros para que trabajen con entusiasmo en el logro de ciertos objetivos. Es el factor crucial que ayuda a un individuo o a un grupo a identificar sus metas, y luego los motiva y auxilia para alcanzarlas. Los tres elementos de la definición son la influencia/apoyo, el esfuerzo voluntario y el logro de las metas. Sin liderazgo una organización sería como una masa confusa de gente y de máquinas.

- El liderazgo se refiere al proceso de influir en otros para que trabajen juntos hacia un objetivo común. Los líderes son aquellos que dirigen, motivan y guían a los demás.

- El liderazgo se centra en la creación de una visión compartida y en el fomento de un compromiso común en el logro de los objetivos organizativos.

- El liderazgo ético se refiere al comportamiento del líder que se adhiere a las normas éticas y morales en el ejercicio de sus funciones. Este tipo de liderazgo puede mejorar la confianza y el compromiso de los empleados.

- El liderazgo distribuido se refiere a la distribución del liderazgo a través de toda la organización. Esto implica que cualquier persona puede liderar en una situación determinada, independientemente de su posición jerárquica.

En esencia, el liderazgo es un fenómeno complejo que ha sido definido de diversas maneras en la literatura académica. A menudo, se conceptualiza como la capacidad de influir en un grupo de individuos para alcanzar objetivos comunes, integrando componentes como la motivación, la comunicación y la toma de decisiones (Northouse, 2021). Este proceso de influencia no solo implica dirigir acciones, sino también inspirar y guiar comportamientos en contextos organizacionales y sociales diversos, adaptándose a las necesidades y expectativas de los seguidores (Yukl, 2019).

En resumen, el liderazgo puede definirse como el proceso de influir en los demás para trabajar juntos hacia un objetivo común, ya sea a través de la creación de una visión compartida, la inspiración y el compromiso, la adherencia a las normas éticas, la distribución del liderazgo o una combinación de estos factores.

Existen varios conceptos de liderazgo que se aplican en el mundo empresarial. A continuación, se presentan algunos ejemplos:

- **Liderazgo transformacional**: este concepto se centra en la capacidad del líder para inspirar y motivar a sus seguidores, fomentando su creatividad e innovación. Los líderes transformacionales fomentan un ambiente de trabajo positivo y colaborativo, lo que puede mejorar el rendimiento y la satisfacción de los empleados.

- **Liderazgo situacional**: este concepto se enfoca en la capacidad del líder para adaptar su estilo de liderazgo a las necesidades y habilidades de sus seguidores. Los líderes situacionales identifican el nivel de madurez de sus seguidores y ajustan su estilo de liderazgo en consecuencia para maximizar el rendimiento y la motivación.

- **Liderazgo carismático**: este concepto se centra en la capacidad del líder para atraer y motivar a sus seguidores mediante su personalidad, carisma y visión. Los líderes carismáticos inspiran a sus seguidores a través de su entusiasmo y energía, lo que puede mejorar la productividad y la satisfacción laboral.

- **Liderazgo transaccional**: este concepto se enfoca en la capacidad del líder para motivar a sus seguidores a través de recompensas y castigos. Los líderes transaccionales establecen objetivos claros y utilizan incentivos y sanciones para motivar a sus seguidores a alcanzar esos objetivos.

- **Liderazgo auténtico:** este concepto se centra en la capacidad del líder para ser genuino, transparente y coherente con sus valores y creencias. Los líderes auténticos inspiran confianza y respeto en sus seguidores al ser honestos y auténticos, lo que puede mejorar el compromiso y la lealtad de los empleados.

Estos son solo algunos ejemplos de conceptos de liderazgo que se aplican en el mundo empresarial. Es importante destacar que cada concepto de liderazgo tiene sus propias fortalezas y limitaciones, y el líder debe elegir el enfoque de liderazgo adecuado para cada situación y equipo de trabajo.

El concepto de liderazgo es muy importante en el contexto empresarial por varias razones:

- **Mejora el rendimiento y la productividad:** un buen líder es capaz de motivar y guiar a sus empleados hacia objetivos comunes. Esto puede mejorar el rendimiento y la productividad de la organización, ya que los empleados se sienten más comprometidos y motivados para alcanzar los objetivos establecidos.

- **Fomenta la innovación y la creatividad:** los líderes efectivos fomentan la innovación y la creatividad al fomentar un ambiente de trabajo colaborativo y alentador. Los empleados se sienten más libres para proponer nuevas ideas y soluciones cuando tienen un líder que valora y respeta su contribución.

- **Mejora la satisfacción laboral:** un líder efectivo también puede mejorar la satisfacción laboral de los empleados al proporcionar un ambiente de trabajo seguro y positivo, y al reconocer y recompensar el buen desempeño. Los empleados que se sienten valorados y respetados tienden a estar más satisfechos en su trabajo.

- **Aumenta la retención de empleados:** un líder efectivo puede aumentar la retención de empleados al proporcionar oportunidades de crecimiento y desarrollo, y al demostrar su compromiso con el éxito y el bienestar de los empleados. Los empleados que sienten que tienen oportunidades para crecer y desarrollarse dentro de la organización tienen más probabilidades de permanecer en la empresa.

- **Contribuye al éxito de la empresa:** el liderazgo efectivo es fundamental para el éxito a largo plazo de la empresa. Un líder efectivo puede ayudar a la organización a enfrentar los desafíos y aprovechar las oportunidades al inspirar y guiar a los empleados hacia los objetivos estratégicos de la empresa.

Esencialmente, el concepto de liderazgo es muy importante en el contexto empresarial porque mejora el rendimiento y la productividad, fomenta la innovación y la creatividad, mejora la satisfacción laboral y la retención de empleados, y contribuye al éxito a largo plazo de la empresa.

A continuación, se presentan algunos ejemplos de reconocidos líderes empresariales:

Jeff Bezos: el fundador y ex CEO de Amazon, Jeff Bezos, es un ejemplo de liderazgo empresarial exitoso. Bajo su liderazgo, Amazon se ha convertido en una de las empresas más valiosas del mundo, y Bezos ha sido reconocido por su capacidad para innovar y disrumpir industrias. Bezos es un líder transformacional que ha sido capaz de inspirar a sus empleados a través de su visión y su enfoque en la excelencia del cliente.

Mary Barra: la CEO de General Motors (GM), Mary Barra, es otra líder empresarial exitosa que ha sido reconocida por su capacidad para liderar el cambio y la transformación. Barra ha liderado la empresa a través de una serie de desafíos, incluyendo la crisis de los *airbags* de Takata y la pandemia de COVID-19. Barra es una líder transformacional que ha fomentado una cultura de innovación y colaboración en GM.

Satya Nadella: el CEO de Microsoft, Satya Nadella, ha sido reconocido por su enfoque en la transformación digital y la innovación en la nube. Bajo su liderazgo, Microsoft ha experimentado un fuerte crecimiento y ha diversificado sus ofertas de productos y servicios. Nadella es un líder auténtico que ha sido capaz de motivar y guiar a sus empleados hacia una visión compartida de la transformación digital.

Indra Nooyi: la ex CEO de PepsiCo, Indra Nooyi, ha sido reconocida por su enfoque en la sostenibilidad y la diversidad. Durante su mandato, Nooyi lideró la transformación de PepsiCo hacia una empresa más saludable y sostenible, y fomentó la diversidad y la inclusión en la empresa. Nooyi es una líder transformacional que ha sido capaz de inspirar a sus empleados a través de su visión y su compromiso con la sostenibilidad y la diversidad.

Estos son solo algunos ejemplos de grandes líderes empresariales. Cada uno de ellos ha sido reconocido por su capacidad para inspirar y motivar a sus empleados hacia objetivos comunes, fomentar la innovación y la transformación, y liderar sus empresas hacia el éxito.

1.2 Teoría de los rasgos

La teoría de los rasgos es una de las teorías más antiguas del liderazgo y ha sido desarrollada y modificada por varios investigadores a lo largo del tiempo. Sin embargo, se atribuye a Ralph Stogdill la popularización de la teoría de los rasgos en el ámbito académico.

La teoría de los rasgos sostiene que ciertos atributos innatos, como la inteligencia, la autoconfianza y la determinación, predisponen a algunas personas a ser líderes efectivos (Judge et al., 2002). Esta perspectiva ha sido clave en el desarrollo de modelos de selección de líderes y en la identificación de características que correlacionan con el éxito en el liderazgo. Sin embargo, la teoría ha enfrentado críticas por su enfoque estático y determinista, que ignora la influencia del entorno y las habilidades aprendidas (Derue et al., 2011).

Stogdill, psicólogo y experto en liderazgo, publicó un influyente artículo en 1948 titulado "*Personal Factors Associated with Leadership: A Survey of the Literature*", en el cual revisó la literatura existente sobre liderazgo y resumió las características personales que se creían que estaban asociadas con el liderazgo efectivo. Según la revisión de la literatura sobre los factores personales asociados con el liderazgo, se encontraron diversas correlaciones entre las características individuales y el liderazgo efectivo (Stogdill, 1948). Desde entonces, la teoría de los rasgos ha sido objeto de críticas y ha evolucionado hacia enfoques más complejos y contextualizados del liderazgo, pero sigue siendo una teoría influyente en el campo del liderazgo y la gestión.

Es importante mencionar que la teoría de los rasgos propone que los líderes tienen ciertos rasgos innatos, como inteligencia, confianza, carisma y determinación, que les permiten ser efectivos en su rol. Estas referencias pueden proporcionar información valiosa sobre los rasgos de liderazgo y su relación con el éxito del liderazgo. Entre los rasgos de personalidad que se han examinado en este contexto, se incluyen la extroversión, la apertura a la experiencia, la responsabilidad y la amabilidad.

El enfoque dialéctico propuesto por Bledow et al. (2009) sugiere que la innovación puede ser vista como un proceso que involucra demandas conflictivas y múltiples vías para alcanzar la ambidestreza organizacional. Estos autores examinan la relación entre la ambidestreza organizacional y el liderazgo, argumentando que los líderes ambidiestros, es decir, aquellos que pueden equilibrar la exploración y la explotación en su organización, tienen ciertos rasgos de personalidad que les permiten manejar de manera efectiva las demandas contradictorias.

Por otro lado, en "*Personal factors associated with leadership: A survey of the literature*" Stogdill (1948) realiza una revisión histórica de la literatura sobre los factores personales asociados con el liderazgo efectivo. El autor examina una amplia gama de rasgos de personalidad, habilidades y actitudes que se han relacionado con el liderazgo, incluyendo inteligencia, confianza, adaptabilidad y motivación.

En conjunto, estas referencias brindan una visión amplia y actualizada sobre los rasgos y atributos de liderazgo desde la perspectiva de la teoría de los rasgos.

La teoría de los rasgos, que sostiene que los líderes tienen características innatas que los hacen exitosos, ha sido objeto de críticas por ser demasiado simplista y por no tener en cuenta el contexto y las circunstancias en las que se desempeña el líder. Sin embargo, la teoría de los rasgos sigue siendo relevante en el ámbito empresarial por varias razones:

Identificación de talentos: la teoría de los rasgos puede ayudar a los líderes empresariales a identificar y reclutar a los talentos más adecuados para liderar la empresa. Al conocer los rasgos que se consideran necesarios para el éxito en un determinado rol o posición, los líderes empresariales pueden buscar a candidatos que posean esas características y que, por lo tanto, puedan ser más efectivos en sus papeles.

Desarrollo de liderazgo: la teoría de los rasgos también puede ser útil en el desarrollo de líderes empresariales. Al identificar los rasgos que se consideran importantes para el liderazgo efectivo, los líderes empresariales pueden trabajar en el desarrollo de esas características en sí mismos y en sus equipos.

Evaluación del desempeño: la teoría de los rasgos también puede ser utilizada en la evaluación del desempeño de los líderes empresariales. Al conocer los rasgos que se consideran importantes para el liderazgo efectivo, los líderes empresariales pueden evaluar el desempeño de sus líderes en función de esas características y utilizar esa información para identificar áreas de mejora y desarrollar planes de desarrollo.

En resumen, aunque la teoría de los rasgos ha sido objeto de críticas, sigue siendo relevante en el ámbito empresarial. Al conocer los rasgos que se consideran importantes para el liderazgo efectivo, los líderes empresariales pueden utilizar esa información para identificar y reclutar a los talentos más adecuados, desarrollar el liderazgo de sí mismos y de sus equipos, y evaluar el desempeño de los líderes en función de esas características.

1.2.1 Críticas a la Teoría de los Rasgos

La teoría de los rasgos ha sido objeto de ataques y debates en la literatura académica. A pesar de su popularidad, la teoría de los rasgos ha sido criticada por su falta de consideración del contexto y la interacción dinámica entre líder y seguidores. Estudios han demostrado que las características personales no garantizan el éxito en todas las situaciones, y que la efectividad del liderazgo es un fenómeno mucho más complejo, influenciado por variables contextuales y el ajuste entre las características del líder y las necesidades del entorno (Zaccaro, 2007).

A continuación, se presentan algunas referencias que abordan estas críticas y proporcionan perspectivas tanto de defensores como de detractores de estas críticas:

Stogdill, R. M. (1974). *Handbook of leadership: A survey of theory and research. Free Press:* este libro clásico de liderazgo es considerado por algunos como un defensor de la teoría de los rasgos, que sugiere que los líderes tienen ciertas características innatas que los hacen exitosos. Sin embargo, otros críticos han señalado que la teoría de los rasgos es demasiado simplista y no tiene en cuenta el contexto y las circunstancias en las que se desempeña el líder.

Lord, R. G., DeVader, C. L., & Alliger, G. M. (1986). *A meta-analysis of the relation between personality traits and leadership perceptions: An application of validity generalization procedures. Journal of Applied Psychology, 71(3), 402-410:* este estudio de metaanálisis examinó la relación entre los rasgos de personalidad y las percepciones de liderazgo. Los autores encontraron que, aunque los rasgos de personalidad pueden estar relacionados con ciertas percepciones de liderazgo, la relación es débil y depende en gran medida del contexto.

Judge, T. A., & Bono, J. E. (2004). *Personality and leadership: A qualitative and quantitative review. Journal of Applied Psychology, 89(5), 768-781:* en esta revisión de la literatura, los autores examinaron la relación entre los rasgos de personalidad y el liderazgo. Si bien los autores encontraron cierta evidencia de que algunos rasgos de personalidad pueden estar relacionados con el liderazgo efectivo, también señalaron que la teoría de los rasgos ha sido objeto de críticas por no tener en cuenta el contexto y las circunstancias en las que se desempeña el líder.

Hogan, R., & Kaiser, R. B. (2005). *What we know about leadership. Review of General Psychology, 9(2), 169-180:* en este artículo de revisión, los autores argumentan que la teoría de los rasgos es limitada en su capacidad para explicar el liderazgo efectivo. Los autores sugieren que los líderes efectivos no solo poseen ciertos rasgos de personalidad, sino que también tienen habilidades, conocimientos y experiencias específicas que los hacen exitosos.

Day, D. V., Fleenor, J. W., Atwater, L. E., Sturm, R. E., & McKee, R. A. (2014). *Advances in leader and leadership development: A review of 25 years of research and theory. The Leadership Quarterly, 25(1), 63-82:* en su revisión exhaustiva de 25 años de investigación y teoría sobre el desarrollo del liderazgo, Day et al. (2014) adoptan una postura crítica frente a la teoría de los rasgos, que históricamente ha vinculado rasgos de personalidad con el liderazgo.

Los autores argumentan que, aunque esta teoría ha dominado la investigación del liderazgo durante mucho tiempo, su aplicabilidad para el desarrollo del liderazgo es limitada. Específicamente, señalan que los rasgos, al ser conceptualizados como tendencias disposicionales relativamente estables, tienen un valor cuestionable en el estudio del desarrollo, que es un proceso inherentemente dinámico y enfocado en el cambio. En lugar de adherirse a enfoques que simplemente buscan entrenar comportamientos asociados con ciertos rasgos o teorías de liderazgo, los autores proponen un cambio hacia la ciencia del desarrollo, enfatizando la necesidad de comprender y fomentar los procesos de desarrollo que subyacen al liderazgo efectivo (Day et al., 2014).

En resumen, aunque la teoría de los rasgos ha sido objeto de críticas, algunos investigadores aún argumentan que ciertos rasgos de personalidad pueden estar relacionados con el liderazgo efectivo. Sin embargo, la mayoría de los investigadores están de acuerdo en que la teoría de los rasgos es limitada en su capacidad para explicar el liderazgo efectivo y que se necesitan enfoques más complejos que tengan en cuenta el contexto y las circunstancias en las que se desempeña el líder.

1.3 Teoría conductual o funcional

La teoría conductual o funcional del liderazgo se desarrolló como una respuesta crítica a la teoría de los rasgos. Esta teoría postula que el liderazgo no es una cuestión de rasgos personales inherentes, sino de comportamientos y acciones específicas que un líder puede aprender y adoptar.

La teoría conductual, también conocida como funcional, se enfoca en las acciones y comportamientos que los líderes exhiben para influir en sus seguidores y alcanzar metas organizacionales. A diferencia de la teoría de los rasgos, esta perspectiva considera que el liderazgo puede ser aprendido y desarrollado a través de la práctica y la formación. Las investigaciones en esta área han identificado estilos de liderazgo efectivos, como el liderazgo orientado a las tareas y el liderazgo orientado a las personas.

La teoría conductual del liderazgo se centra en las acciones y comportamientos que los líderes deben exhibir para ser eficaces, en lugar de centrarse en las cualidades innatas de la personalidad. Esta teoría sugiere que el liderazgo puede ser aprendido y desarrollado a través del entrenamiento y la experiencia. Un estudio reciente demostró que el entrenamiento conductual gerencial puede ser efectivo en la promoción de comportamientos de liderazgo funcional, tales como la planificación, la gestión del estrés y la motivación de los empleados, que son esenciales para gestionar cambios organizacionales exitosos (Henriksson & Grill, 2023).

Otra dimensión importante de la teoría conductual es el liderazgo funcional en equipos virtuales. Se ha encontrado que tanto el liderazgo centrado en las relaciones como el centrado en las tareas contribuyen positivamente al rendimiento del equipo en entornos virtuales. Sin embargo, el impacto de estos comportamientos de liderazgo puede variar según la interdependencia de las tareas y el tamaño del equipo, lo que sugiere la necesidad de un enfoque adaptativo y contextual en la aplicación de comportamientos de liderazgo en diferentes situaciones (Brown et al., 2021).

La teoría funcional del liderazgo se enfoca en las funciones específicas que los líderes deben desempeñar para garantizar el éxito de sus equipos y organizaciones. Esto incluye la capacidad de anticipar y responder a las necesidades del equipo, ya sean de carácter informativo o intergrupal, y aplicar comportamientos de liderazgo centrados en la tarea o en la persona según lo requiera la situación. Esta capacidad de adaptación es fundamental para manejar la diversidad en los equipos y aprovechar su potencial para mejorar los resultados del equipo (Homan et al., 2020).

La teoría conductual o funcional del liderazgo se enfoca en los comportamientos observables y las habilidades que los líderes deben poseer para ser efectivos en su rol. En lugar de centrarse en los rasgos innatos, esta teoría sostiene que el liderazgo puede ser aprendido y desarrollado a través de la experiencia y la formación.

De acuerdo con esta teoría, los líderes deben tener la capacidad de adaptar su estilo de liderazgo a diferentes situaciones y empleados, y deben poseer habilidades de comunicación, resolución de conflictos y toma de decisiones. También se enfatiza en la importancia de establecer metas claras y motivar a los empleados para alcanzarlas, así como en la retroalimentación constante para mejorar el desempeño.

Esta teoría ha llevado a la identificación de diferentes estilos de liderazgo, como el liderazgo autocrático, democrático y *laissez-faire*, y ha sido utilizada en la práctica para desarrollar programas de liderazgo y entrenamiento.

La teoría conductual del liderazgo se centra en los comportamientos específicos que los líderes adoptan y que pueden ser observados y medidos, en lugar de las características innatas o rasgos de personalidad. Esta teoría sugiere que cualquier persona puede aprender a ser un líder eficaz mediante la adquisición y práctica de ciertos comportamientos. Un análisis crítico de esta teoría señala que el enfoque en los comportamientos observables permite una mayor claridad y aplicación práctica en diversos contextos organizacionales. Comportamientos como la planificación, la toma de decisiones y la comunicación efectiva son fundamentales para el éxito del liderazgo en organizaciones complejas.

Además, la teoría conductual se divide generalmente en dos dimensiones principales: el comportamiento orientado a las tareas y el comportamiento orientado a las relaciones. El comportamiento orientado a las tareas se enfoca en la capacidad del líder para definir roles, establecer metas y dirigir el trabajo del equipo hacia el logro de objetivos específicos. Por otro lado, el comportamiento orientado a las relaciones se refiere a cómo el líder interactúa con su equipo, promoviendo la cohesión y el bienestar entre los miembros del equipo. Estas dos dimensiones se complementan y son cruciales para el desempeño efectivo del liderazgo en diferentes contextos organizacionales.

Finalmente, el desarrollo y la aplicación de la teoría conductual en el liderazgo ha sido fundamental para la implementación de programas de formación y desarrollo de liderazgo en las organizaciones. Estos programas se centran en enseñar a los líderes potenciales los comportamientos clave que se han identificado como efectivos, lo que facilita una transición más suave hacia roles de liderazgo. La eficacia de estos programas muestra cómo los líderes que adoptan estos comportamientos pueden mejorar significativamente la productividad y el clima organizacional.

En resumen, estas referencias brindan una visión amplia sobre la teoría conductual o funcional, destacando la importancia de los comportamientos específicos del líder para la efectividad del liderazgo.

La teoría conductual o funcional del liderazgo se centra en los comportamientos y acciones específicas que los líderes pueden utilizar para lograr el éxito en su rol. A continuación, se presentan algunos ejemplos en el mundo empresarial de la aplicación de esta teoría:

- En una empresa de tecnología, el líder fomenta la innovación y la creatividad en el equipo de trabajo. Se les da el espacio y el tiempo para experimentar y probar nuevas ideas, y se les reconoce y recompensa por sus éxitos. Este enfoque ayuda a mantener a la empresa a la vanguardia de la industria.

- En una empresa de servicios financieros, el líder establece metas claras y medibles para el equipo de trabajo, y proporciona retroalimentación constante y apoyo para ayudar a los miembros del equipo a alcanzar esas metas. Se utiliza un sistema de recompensas para motivar a los empleados y fomentar la competencia saludable.

- En una empresa de manufactura, el líder se centra en la eficiencia y la calidad del producto. Se establecen procesos claros y se entrenan a los empleados para seguirlos. Los líderes monitorean y miden los resultados, y hacen ajustes en los procesos para mejorar el rendimiento.

1.4 Teorías situacionales o de contingencia (enfoque situacional)

El enfoque situacional en la teoría de liderazgo fue desarrollado por varios autores, pero uno de los principales creadores es Fred Fiedler, psicólogo estadounidense nacido en 1922. Es conocido por sus estudios en el campo de la psicología industrial y organizacional, especialmente por su teoría de la contingencia de liderazgo, también conocida como teoría del LPC (puntuación de preferencia de tarea-liderazgo).

Fiedler, postula que no existe un estilo de liderazgo único y efectivo en todas las situaciones. Según esta teoría, la efectividad del liderazgo depende de la coincidencia entre el estilo de liderazgo y las características situacionales, tales como la estructura de la tarea, las relaciones líder-seguidor y el poder de posición del líder. Esta perspectiva enfatiza la importancia de adaptar el enfoque del liderazgo a las circunstancias específicas, lo que permite a los líderes mejorar su efectividad al ajustar su comportamiento según la situación. Fiedler argumenta que la clave para un liderazgo exitoso radica en la habilidad del líder para reconocer y manejar estas variables situacionales de manera adecuada (Fiedler, 1978).

En su teoría, Fiedler argumenta que el éxito del liderazgo depende de la interacción entre el estilo de liderazgo del líder y la situación en la que se encuentra el grupo que está siendo liderado. Según esta teoría, un líder debe adaptar su estilo de liderazgo a la situación en la que se encuentra, ya sea de alta o baja posición de poder y control, alta o baja estructuración de tareas, y relaciones interpersonales de alta o baja calidad.

La Teoría de Contingencia o Situacional se centra en que el éxito del liderazgo depende de cómo los líderes se adapten a diferentes situaciones y contextos. Es importante mencionar que la teoría de la contingencia y el trabajo de Fred Fiedler ha sido criticada por algunos investigadores, quienes argumentan que la teoría es limitada en su capacidad para explicar la complejidad de la dinámica de liderazgo en las organizaciones.

El enfoque de liderazgo situacional propuesto por Hersey y Blanchard sostiene que no existe un estilo único de liderazgo efectivo en todas las situaciones. En su teoría, el estilo de liderazgo adecuado depende del nivel de madurez y competencia de los seguidores, sugiriendo que los líderes deben ajustar su comportamiento en función de estas variables. Sin embargo, la teoría ha sido objeto de críticas debido a su limitada validación empírica. Por ejemplo, estudios como el de Norris y Vecchio (1992) encontraron que, aunque algunos resultados apoyan la teoría en condiciones de madurez baja y moderada, la magnitud de estos resultados no fue significativa, lo que sugiere la necesidad de más investigación para superar las deficiencias en la validación empírica (Norris & Vecchio, 1992).

Diferentes estilos de liderazgo interactúan con el empoderamiento del equipo y la complejidad de la tarea para influir en el desempeño del equipo. Los líderes deben ser capaces de ajustar su estilo de liderazgo a la situación específica para maximizar el desempeño del equipo. Es importante comprender la situación específica en la que se ejerce el liderazgo para identificar las habilidades y competencias que son más relevantes para el éxito del liderazgo en ese contexto. La efectividad del liderazgo transformacional depende del nivel de burocratización de la organización.

Las teorías situacionales o de contingencia han sido aplicadas en el mundo empresarial en diversas situaciones. Algunos ejemplos son:

En la gestión de proyectos: los líderes de proyectos a menudo deben adaptarse a diferentes situaciones y contingencias, por lo que las teorías situacionales son relevantes en la gestión de proyectos. Por ejemplo, el modelo de liderazgo situacional de Hersey y Blanchard se ha utilizado en la gestión de proyectos para adaptar el estilo de liderazgo a las necesidades y competencias del equipo de trabajo.

En la gestión de recursos humanos: las teorías situacionales también se aplican en la gestión de recursos humanos, particularmente en la evaluación del desempeño y la retroalimentación. Por ejemplo, el modelo de Vroom-Yetton-Jago de toma de decisiones situacionales se ha utilizado en la gestión de recursos humanos para ayudar a los gerentes a tomar decisiones adecuadas sobre la delegación de tareas y la asignación de responsabilidades.

En la gestión de crisis: las teorías situacionales también son aplicables en situaciones de crisis. Los líderes deben adaptarse rápidamente a las condiciones cambiantes y tomar decisiones críticas para minimizar el impacto de la crisis. Por ejemplo, la teoría de contingencia de Fiedler ha sido aplicada en la gestión de crisis para identificar el estilo de liderazgo adecuado para diferentes situaciones de crisis.

En la gestión de cambio: las teorías situacionales también son relevantes en la gestión de cambio organizacional. Los líderes deben adaptarse a diferentes situaciones y contingencias para implementar cambios exitosos. Por ejemplo, la teoría del camino-meta de House ha sido aplicada en la gestión de cambio para identificar el estilo de liderazgo adecuado para diferentes situaciones de cambio.

El modelo de liderazgo situacional es uno de los enfoques más estudiados en la literatura del liderazgo. Este modelo se enfoca en la adaptación del estilo de liderazgo según las necesidades del seguidor y de la situación. En el liderazgo situacional, el líder tiene diferentes opciones de estilo de liderazgo y puede elegir el más apropiado para cada situación.

El liderazgo situacional puede mejorar la eficacia del liderazgo y la satisfacción del seguidor, al tiempo que reduce el estrés y la rotación del personal. Además, el liderazgo situacional también puede mejorar la productividad y la calidad del trabajo.

En conclusión, el liderazgo situacional puede ser un enfoque efectivo para mejorar la eficacia del liderazgo y la satisfacción del seguidor, pero su efectividad puede depender de la cultura de la organización y la adaptabilidad del líder. Aunque se ha criticado la validez del modelo, su popularidad y aplicabilidad en diversas situaciones sugieren que sigue siendo un enfoque valioso para la investigación y la práctica del liderazgo.

1.5 Enfoque de Bass sobre liderazgo trasformacional

El enfoque de Bass sobre el liderazgo transformacional fue desarrollado por el psicólogo y experto en liderazgo Bernard Bass. En la década de 1980, Bass expandió el trabajo previo de James MacGregor Burns sobre el liderazgo transformacional y desarrolló su propia teoría del liderazgo transformacional, la cual se basa en la idea de que los líderes transformacionales inspiran a sus seguidores a superar sus intereses personales y trabajar por el bien común de la organización. Desde entonces, la teoría del liderazgo transformacional ha sido ampliamente adoptada y se considera una de las teorías más influyentes en el campo del liderazgo.

El enfoque de Bass sobre liderazgo transformacional es una teoría de liderazgo que destaca la importancia de inspirar y motivar a los seguidores para lograr un cambio positivo y significativo en la organización. Según este enfoque, el líder transformacional fomenta la creatividad, la innovación y el pensamiento crítico entre sus seguidores, y trabaja para crear un entorno en el que puedan alcanzar su máximo potencial.

El enfoque de liderazgo transformacional de Bass ha sido ampliamente estudiado y aplicado en diversas investigaciones y prácticas organizacionales. Este modelo se distingue por su capacidad de inspirar y motivar a los seguidores para que trasciendan sus propios intereses en favor de los objetivos organizacionales.

Según Bass, el liderazgo transformacional se caracteriza por cuatro componentes clave: carisma, estimulación intelectual, consideración individualizada y motivación inspiradora. Estas dimensiones no solo incrementan la satisfacción y la eficacia de los empleados, sino que también promueven un entorno organizacional cohesivo y reducen el agotamiento del personal. Este enfoque ha demostrado ser especialmente eficaz en contextos como los equipos de salud mental, donde se ha asociado positivamente con una cultura organizacional cohesionada y niveles más bajos de agotamiento entre los empleados (Corrigan, Diwan, Campion, & Rashid, 2002).

El liderazgo transformacional puede ser una estrategia efectiva para mejorar la satisfacción laboral, el compromiso organizacional y la innovación en las organizaciones. Los líderes que adoptan este enfoque pueden inspirar y motivar a sus seguidores para alcanzar su máximo potencial, lo que puede llevar a un cambio positivo y significativo en la organización.

Algunos ejemplos de empresas que han adoptado el enfoque de Bass sobre liderazgo transformacional en sus prácticas de liderazgo:

Southwest Airlines: la compañía aérea estadounidense es conocida por su cultura corporativa única y su enfoque en la satisfacción de los empleados. Los líderes de Southwest Airlines fomentan un ambiente de trabajo positivo y alentador, y motivan a sus empleados para que den lo mejor de sí mismos en el trabajo.

Amazon: el fundador de Amazon, Jeff Bezos, es conocido por su enfoque transformacional de liderazgo. Bezos ha fomentado una cultura de innovación y creatividad en la empresa, alentando a los empleados a tomar riesgos y a pensar fuera de lo común.

Salesforce: el CEO de Salesforce, Marc Benioff, ha adoptado un enfoque transformacional de liderazgo en la empresa, enfatizando la importancia de la diversidad, la inclusión y la sostenibilidad en la cultura corporativa. Benioff ha sido reconocido por su enfoque en el bienestar de los empleados y su compromiso con causas sociales.

Zappos: el minorista en línea de zapatos y ropa, Zappos, ha adoptado una cultura de liderazgo transformacional basada en la filosofía de "Felicidad en el trabajo". Los líderes de Zappos fomentan un ambiente de trabajo positivo y alentador, y valoran la creatividad, la innovación y la colaboración en la empresa.

Estos son solo algunos ejemplos de empresas que han adoptado el enfoque de Bass sobre liderazgo transformacional en sus prácticas de liderazgo. Al fomentar un ambiente de trabajo positivo, alentar la innovación y la creatividad, y motivar a los empleados para que den lo mejor de sí mismos, estas empresas han logrado mejorar la satisfacción de los empleados y el rendimiento empresarial en general.

1.6 Teorías de liderazgo estratégico

El concepto de liderazgo estratégico ha sido desarrollado por varios autores a lo largo del tiempo y no hay un único creador o autor que se le pueda atribuir de manera exclusiva. Sin embargo, hay algunos autores que han contribuido significativamente a la teoría del liderazgo estratégico en estudios recientes.

Aunque no hay un único creador de las teorías de liderazgo estratégico, varios autores han contribuido significativamente a su desarrollo y aplicación en la literatura reciente. Cada uno de estos estudios proporciona información importante sobre cómo el liderazgo estratégico puede influir en el éxito de una organización.

El liderazgo estratégico se refiere a la capacidad de los líderes para dirigir y gestionar de manera efectiva la estrategia de la organización. Se refiere a la capacidad de los líderes para identificar oportunidades y amenazas en el entorno empresarial, desarrollar una visión compartida y guiar a la organización hacia el éxito a largo plazo.

El liderazgo estratégico ha evolucionado significativamente en las últimas décadas, destacándose como un factor crucial en la capacidad de las organizaciones para adaptarse y prosperar en entornos complejos y cambiantes. Según Boal y Hooijberg (2000), el liderazgo estratégico se centra en la capacidad de aprendizaje, el cambio y la sabiduría gerencial. Estos autores subrayan que, más allá de las habilidades tradicionales, los líderes estratégicos deben ser capaces de gestionar la dualidad entre la visión a largo plazo y la ejecución táctica, integrando las teorías emergentes de liderazgo transformacional y visionario dentro del marco más amplio de la estrategia organizacional (Boal & Hooijberg, 2000).

Por otro lado, Vera y Crossan (2004) exploran el impacto del liderazgo estratégico en el aprendizaje organizacional, destacando que tanto los estilos de liderazgo transformacional como los transaccionales desempeñan roles importantes en diferentes etapas del proceso de aprendizaje. Mientras que el liderazgo transformacional es crucial para fomentar la innovación y el pensamiento crítico, el liderazgo transaccional asegura la estabilidad y el cumplimiento de los objetivos a corto plazo. Este enfoque combinado permite a los líderes estratégicos no solo guiar a sus organizaciones a través de cambios disruptivos, sino también asegurar que estos cambios se implementen de manera efectiva y sostenible (Vera & Crossan, 2004).

A continuación, se presentan algunos ejemplos de casos empresariales que ilustran la aplicación de las teorías de liderazgo estratégico en diferentes contextos:

Apple Inc.: bajo el liderazgo de Steve Jobs, Apple se convirtió en una empresa líder en innovación y diseño. Jobs fue conocido por su enfoque estratégico y su capacidad para anticipar las necesidades del mercado y guiar a la empresa hacia nuevas oportunidades de negocio. Además, Jobs era un líder carismático que inspiraba a su equipo para lograr objetivos ambiciosos y mantener altos niveles de calidad.

Amazon.com Inc.: Jeff Bezos, fundador y CEO de Amazon, es un ejemplo de liderazgo estratégico en la era digital. Bezos ha dirigido la empresa hacia la diversificación de productos y servicios, la expansión global y la integración vertical. Además, ha enfatizado la importancia de la cultura empresarial y la innovación constante, lo que ha permitido a Amazon mantenerse a la vanguardia del comercio electrónico.

General Electric Co.: Jack Welch, ex-CEO de General Electric, es considerado uno de los líderes empresariales más influyentes del siglo XX. Welch implementó una estrategia de crecimiento y diversificación agresiva que llevó a la empresa a expandirse a nuevos mercados y adquirir nuevas empresas. Además, Welch enfatizó la importancia de la calidad y la mejora continua, lo que ayudó a GE a mantenerse competitiva en un mercado global cada vez más exigente.

Tesla Inc.: Elon Musk, fundador y CEO de Tesla, es conocido por su liderazgo visionario y estratégico en el sector de la tecnología y la energía. Musk ha dirigido a la empresa hacia la innovación en vehículos eléctricos y energía solar, y ha enfatizado la importancia de la sostenibilidad y la responsabilidad social empresarial. Además, ha demostrado una capacidad única para inspirar y motivar a su equipo para alcanzar objetivos ambiciosos.

Estos son solo algunos ejemplos de cómo las teorías de liderazgo estratégico se han aplicado en diferentes empresas y sectores. En cada caso, el liderazgo estratégico ha sido clave para la creación de valor y la competitividad empresarial a largo plazo.

1.6.1 liderazgo y estrategia empresarial

El liderazgo y la estrategia empresarial están estrechamente relacionados y su interacción es crucial para el éxito de una organización. El liderazgo es esencial para el desarrollo y la implementación efectiva de la estrategia empresarial. Los líderes deben tener una visión clara de los objetivos de la organización y deben ser capaces de comunicarla de manera efectiva a los miembros del equipo. Además, los líderes deben ser capaces de motivar a los empleados y de crear un entorno de trabajo que fomente la innovación y la creatividad.

En este sentido, es importante el liderazgo transformacional en la implementación de la estrategia empresarial. Este tipo de liderazgo se enfoca en inspirar y motivar a los miembros del equipo para alcanzar los objetivos de la organización. El líder transformacional se enfoca en el desarrollo personal y profesional de los empleados y fomenta la creatividad y la innovación en la organización.

Este tipo de liderazgo se enfoca en el desarrollo de una visión clara y a largo plazo para la organización. El líder estratégico debe ser capaz de identificar las fortalezas y debilidades de la organización, así como las oportunidades y amenazas del entorno externo, para desarrollar una estrategia efectiva.

Además, el liderazgo ejecutivo es fundamental en la implementación de la estrategia empresarial. Los líderes ejecutivos deben ser capaces de tomar decisiones difíciles y de liderar el cambio en la organización. Los líderes ejecutivos deben tener una comprensión clara de los objetivos de la organización y deben ser capaces de comunicarlos a todos los niveles de la organización.

El liderazgo estratégico desempeña un papel fundamental en la formulación y ejecución de estrategias empresariales exitosas. Según Jabbar y Hussein (2017), el liderazgo en la gestión estratégica no solo define la visión y misión de una organización, sino que también es crucial para implementar estrategias efectivas que permitan alcanzar esas metas. El estudio resalta que el liderazgo estratégico actúa como un vínculo entre el núcleo de la organización y su estructura operativa, garantizando que las estrategias se ajusten constantemente a los cambios en el entorno empresarial, lo que es esencial para el crecimiento sostenible de la empresa (Jabbar & Hussein, 2017).

Además, Marx (2015) sostiene que la estrategia empresarial influye significativamente en las funciones, habilidades y estilos de liderazgo. Su investigación empírica revela que estrategias complejas como la diferenciación de productos y la estrategia del océano azul demandan un liderazgo más adaptativo y creativo. Esto sugiere que los líderes deben ajustar su comportamiento y estilo de liderazgo para alinearse con la estrategia adoptada, lo que es crucial para la efectividad de la planificación estratégica y el éxito organizacional (Marx, 2015).

En conclusión, los estudios consultados sugieren que el liderazgo es esencial en la implementación efectiva de la estrategia empresarial. Los líderes deben tener una visión clara de los objetivos de la organización y deben ser capaces de motivar a los empleados y de crear un entorno de trabajo que fomente la innovación y la creatividad. Además, el liderazgo transformacional, estratégico y ejecutivo son fundamentales en la implementación de la estrategia empresarial.

1.7 Teorías implícitas del liderazgo

Las teorías implícitas del liderazgo son los conjuntos de creencias y suposiciones que los individuos tienen sobre el liderazgo, las cuales influyen en su comportamiento y en sus decisiones al respecto. Estas teorías son importantes porque pueden afectar la forma en que se percibe a los líderes y se toman decisiones relacionadas con el liderazgo.

Las teorías implícitas del liderazgo (ILTs, por sus siglas en inglés) se refieren a las creencias subyacentes que las personas tienen sobre cómo debería ser un líder y qué características deberían poseer. Estas teorías influyen significativamente en cómo se perciben y evalúan a los líderes en diferentes contextos organizacionales. Según Schyns y Schilling (2011), las ILTs no solo incluyen atributos positivos que se asocian comúnmente con líderes efectivos, sino que también abarcan características negativas. Esto desafía la suposición previa de que las ILTs reflejan únicamente imágenes de liderazgo efectivo, subrayando la complejidad y la dualidad en las percepciones de liderazgo (Schyns & Schilling, 2011).

Las teorías implícitas del liderazgo (ILT, por sus siglas en inglés) se refieren a las creencias y expectativas no conscientes que las personas tienen sobre las características y comportamientos que definen a un líder efectivo. Estas teorías juegan un papel crucial en la forma en que los seguidores perciben y evalúan a sus líderes. Epitropaki y Martin (2005) realizaron un estudio longitudinal que demostró que cuando los empleados perciben que sus líderes reales se alinean con sus ILT, se generan relaciones más sólidas entre líderes y seguidores, lo que a su vez mejora la satisfacción laboral y el compromiso organizacional. Esto resalta la importancia de la congruencia entre las percepciones implícitas y las características observadas en el líder para mantener una dinámica organizacional saludable (Epitropaki & Martin, 2005).

Por otro lado, Schyns y Riggio (2016) señalan que las ILT no solo afectan la percepción del liderazgo, sino que también influyen en cómo los líderes actúan y cómo los seguidores responden a estos comportamientos. Las ILT pueden actuar como estereotipos que guían la interacción entre líderes y seguidores, activándose cuando los comportamientos de un líder coinciden con las expectativas cognitivas almacenadas en la memoria de los seguidores. Este proceso cognitivo subyacente puede tener implicaciones significativas para la efectividad del liderazgo, ya que las discrepancias entre las ILT y los comportamientos observados pueden llevar a malentendidos y conflictos dentro de la organización (Schyns & Riggio, 2016).

En resumen, las teorías implícitas del liderazgo son un área importante de investigación en el campo del liderazgo, ya que pueden afectar la forma en que se percibe a los líderes y se toman decisiones relacionadas con el liderazgo. Las investigaciones mencionadas destacan la importancia de comprender las teorías implícitas de los individuos en la toma de decisiones de liderazgo y cómo estos pueden ser influenciados por factores culturales.

1.8 La Inteligencia Emocional y el liderazgo

La inteligencia emocional (IE) se refiere a la capacidad de reconocer, comprender y regular las emociones en uno mismo y en los demás. En el contexto del liderazgo, la IE se ha convertido en un tema importante ya que los líderes efectivos deben ser capaces de relacionarse con sus seguidores y crear un ambiente positivo y productivo.

La IE ha demostrado ser un componente crucial en el liderazgo efectivo, influenciando cómo los líderes gestionan sus emociones y las de los demás para alcanzar los objetivos organizacionales. George (2000) sugiere que la IE contribuye significativamente al liderazgo efectivo al permitir a los líderes desarrollar objetivos colectivos, fomentar la confianza y cooperación, y manejar el cambio con flexibilidad. Estos aspectos son esenciales para crear un entorno organizacional donde los empleados se sientan valorados y motivados, lo que a su vez mejora el rendimiento general de la organización (George, 2000).

Por otro lado, McCleskey (2014) revisa cómo la IE, particularmente a través del modelo de habilidad de Mayer, se relaciona con el rendimiento en el liderazgo. Su revisión de la literatura muestra que la IE no solo se ha establecido en el léxico académico y popular, sino que también juega un papel en cómo los líderes perciben y gestionan las emociones dentro de un equipo. Sin embargo, el autor también destaca la necesidad de más investigaciones empíricas para clarificar la naturaleza exacta de esta relación y sus aplicaciones prácticas en diversos contextos organizacionales (McCleskey, 2014).

A continuación, se presentan algunos argumentos sobre el papel de la IE en el liderazgo efectivo:

La IE ayuda a los líderes a establecer relaciones positivas con los seguidores: los líderes con una alta IE tienen más probabilidades de establecer relaciones positivas con sus seguidores. Estas relaciones se basan en la confianza, el respeto y la comunicación abierta. Además, los líderes con una alta IE son más propensos a ser percibidos como éticos y justos por sus seguidores.

La IE ayuda a los líderes a tomar decisiones efectivas: los líderes con una alta IE tienen más probabilidades de tomar decisiones efectivas y de alta calidad. Esto se debe a que los líderes con una alta IE son capaces de considerar las emociones de los demás y de regular sus propias emociones, lo que les permite tomar decisiones más informadas y equilibradas.

La IE ayuda a los líderes a manejar el estrés y la presión: los líderes con una alta IE tienen más probabilidades de manejar el estrés y la presión en el lugar de trabajo. Esto se debe a que los líderes con una alta IE son capaces de regular sus propias emociones y de ayudar a sus seguidores a manejar el estrés y la presión de manera efectiva.

En conclusión, los estudios revisados sugieren que la IE juega un papel importante en el liderazgo efectivo. Los líderes con una alta IE tienen más probabilidades de establecer relaciones positivas con sus seguidores, tomar decisiones efectivas y manejar el estrés y la presión en el lugar de trabajo. Estos resultados tienen implicaciones importantes para la selección y formación de líderes en las organizaciones.

Como ejemplos del papel de la IE en el liderazgo efectivo en el ámbito empresarial, se pueden mostrar los siguientes:

- Un líder empresarial con alta IE es capaz de motivar a su equipo de trabajo de manera efectiva, fomentando el compromiso y la colaboración en la consecución de objetivos comunes. Por ejemplo, un gerente de ventas que es capaz de reconocer las emociones y necesidades de su equipo puede adaptar su estilo de liderazgo para ofrecer apoyo y guía cuando sea necesario, lo que a su vez puede impulsar la productividad y el rendimiento de su equipo.

- La IE también puede ser fundamental para la gestión de conflictos en el entorno empresarial. Un líder con habilidades emocionales puede identificar rápidamente las emociones y necesidades de las partes en conflicto, y así encontrar soluciones que satisfagan a todas las partes involucradas. Por ejemplo, un gerente de recursos humanos que pueda abordar los conflictos de manera efectiva y justa puede mantener un ambiente laboral saludable y unido.

- La capacidad de comunicarse efectivamente es esencial para el liderazgo empresarial, y la IE puede ser una herramienta poderosa para lograrlo. Un líder que pueda reconocer las emociones y necesidades de su audiencia puede adaptar su comunicación para crear una conexión emocional y establecer una base de confianza. Por ejemplo, un director ejecutivo que pueda conectar con los empleados a través de una comunicación empática y comprensiva puede establecer una cultura empresarial positiva y cohesionada.

1.9 El liderazgo ético

El liderazgo ético es aquel que se guía por principios morales y valores sólidos, y que tiene en cuenta las consecuencias de las decisiones y acciones de los líderes en los demás.

La ética en el liderazgo puede tener un impacto significativo en el desempeño y la reputación de una empresa, ya que puede afectar la motivación y la lealtad de los empleados, así como la percepción y la confianza de los clientes y la sociedad en general.

El liderazgo ético ha ganado una atención significativa en la literatura de gestión, destacando la importancia de los líderes en la promoción de comportamientos morales dentro de las organizaciones. Según Brown y

Treviño (2006), el liderazgo ético se define como la demostración de conductas normativamente apropiadas a través de acciones personales y relaciones interpersonales, así como la promoción de tales conductas entre los seguidores mediante la comunicación bidireccional y la toma de decisiones. Este enfoque no solo mejora la efectividad del liderazgo, sino que también fortalece la confianza y la satisfacción de los empleados, lo que a su vez reduce comportamientos desviados dentro de la organización (Brown & Treviño, 2006).

Además, el liderazgo ético también se relaciona con resultados positivos a nivel organizacional, como el aumento del compromiso y la satisfacción laboral de los empleados. Stouten et al. (2012) argumentan que, aunque el liderazgo ético es generalmente beneficioso, también es importante considerar los efectos potencialmente negativos cuando se lleva a un extremo. En estudios de campo, se observó que mientras un liderazgo ético moderado promueve comportamientos de ciudadanía organizacional (OCB), niveles excesivamente altos pueden resultar en una percepción de reproche moral entre los seguidores, lo que podría disminuir estos comportamientos positivos (Stouten et al., 2012).

A continuación, se presentan algunos argumentos sobre cómo el liderazgo ético puede influir en el desempeño y la reputación de la empresa.

El liderazgo ético puede mejorar el compromiso y la lealtad de los empleados: un estudio de 2018 encontró que el liderazgo ético se asoció positivamente con el compromiso y la lealtad de los empleados. Los líderes éticos crean un ambiente de trabajo justo y equitativo, lo que puede aumentar la satisfacción y la motivación de los empleados. Además, los empleados son más propensos a seguir a líderes que se guían por principios morales sólidos y que toman decisiones justas y equitativas.

El liderazgo ético puede mejorar la reputación y la percepción de la empresa: el liderazgo ético se asoció positivamente con la percepción y la confianza de los clientes en la empresa. Los clientes son más propensos a hacer negocios con empresas que se guían por principios éticos sólidos y que se preocupan por el bienestar de sus empleados y la sociedad en general. Además, las empresas con líderes éticos tienen menos probabilidades de verse envueltas en escándalos o controversias que puedan dañar su reputación.

El liderazgo ético puede mejorar el desempeño financiero de la empresa: el liderazgo ético se asoció positivamente con el desempeño financiero de la empresa. Los líderes éticos son más propensos a tomar decisiones a largo plazo que beneficien a la empresa y a la sociedad en general, en lugar de tomar decisiones a corto plazo que generen ganancias rápidas, pero a expensas de la ética y la responsabilidad social. Además, las empresas con líderes éticos tienen menos probabilidades de enfrentar multas o sanciones por violaciones éticas o legales.

Como ejemplos del liderazgo ético en el ámbito empresarial, se pueden mostrar los siguientes:

Patagonia: la marca de ropa para exteriores Patagonia ha sido reconocida por su liderazgo ético y compromiso con la sostenibilidad ambiental. Han tomado medidas para reducir el impacto ambiental de su producción y promueven el cuidado del medio ambiente. Además, también han establecido una política de trabajo ético, que incluye salarios justos y horarios razonables para sus trabajadores.

Google: la compañía tecnológica Google es conocida por su liderazgo ético en la industria de la tecnología. Han establecido un código de conducta claro y transparente para sus empleados, y han tomado medidas para proteger la privacidad de sus usuarios y datos. También han tomado medidas para promover la diversidad e inclusión en su lugar de trabajo y en la industria de la tecnología en general.

Ben & Jerry's: la compañía de helados Ben & Jerry's ha establecido un modelo de negocio basado en valores éticos y sociales. Han tomado medidas para reducir su impacto ambiental, promover el comercio justo y apoyar a las comunidades locales. Además, han adoptado una política de salarios justos y horarios razonables para sus trabajadores y han establecido un fondo de justicia social para apoyar iniciativas sociales y ambientales.

1.10 Preguntas variadas sobre el liderazgo

A continuación, se presentan algunas preguntas relacionadas con el liderazgo, con sus respectivas respuestas de forma breve.

1. ¿Gestionar una empresa con la ayuda de un *Balanced Scorecard* requiere de un líder?

La aplicación del *Balanced Scorecard* (BSC) en la gestión empresarial se ha convertido en una herramienta importante para medir el rendimiento y lograr los objetivos estratégicos de una organización. En este contexto, surge la pregunta de si es necesaria la presencia de un líder para gestionar una empresa con la ayuda de un BSC.

El liderazgo es fundamental en la implementación y mantenimiento del BSC en una empresa. El líder debe tener un conocimiento profundo del BSC y ser capaz de comunicar y motivar a los miembros del equipo para alcanzar los objetivos estratégicos de la organización. Además, el líder debe ser capaz de alinear los objetivos del BSC con la estrategia general de la empresa y tomar decisiones importantes en función de los indicadores de desempeño.

El liderazgo transformacional es especialmente importante para el éxito de la implementación del BSC. El líder transformacional es aquel que inspira a su equipo a alcanzar los objetivos estratégicos de la empresa y crea una cultura de cambio y mejora continua. El líder transformacional también es capaz de adaptarse a los cambios en el entorno empresarial y ajustar los objetivos del BSC en consecuencia.

En resumen, la aplicación del BSC en la gestión empresarial requiere de un líder capacitado que tenga un conocimiento profundo del BSC, sea capaz de comunicar y motivar a su equipo, alinear los objetivos del BSC con la estrategia general de la empresa, tomar decisiones importantes en función de los indicadores de desempeño y ser un líder transformacional que inspire a su equipo a alcanzar los objetivos estratégicos de la organización.

2. ¿Un líder forma parte del Capital Intelectual de una empresa que debe ser gestionado?

El liderazgo es un componente esencial del Capital Intelectual de una empresa que debe ser gestionado adecuadamente para maximizar su valor. El líder es un activo crítico en la gestión del conocimiento y la innovación en la empresa y puede influir en el aprendizaje organizativo. Los líderes pueden tener un impacto positivo en la creatividad y la innovación en la empresa a través de su capacidad para motivar a los empleados y crear un ambiente de trabajo favorable. Además, los líderes deben ser capaces de gestionar el talento y desarrollar a los empleados para maximizar su potencial y contribuir al éxito de la empresa. En resumen, el líder forma parte del Capital Intelectual de una empresa y es esencial para su gestión y valorización.

3. ¿Cómo influyen los estilos de liderazgo en el bienestar de los empleados?

El liderazgo auténtico y transformacional se relacionan positivamente con el bienestar de los empleados, mientras que el liderazgo transaccional y el laissez-faire se relacionan negativamente con el bienestar de los empleados. Estos resultados sugieren que los líderes auténticos y transformacionales pueden crear un ambiente de trabajo positivo que promueva el bienestar de los empleados.

4. ¿Cómo influye la diversidad de género en el liderazgo y la toma de decisiones en la empresa?

La diversidad de género en los equipos de liderazgo se relaciona positivamente con una mayor innovación en la empresa y una toma de decisiones más efectiva. Los autores sugieren que esto se debe a que la diversidad de género permite una mayor variedad de perspectivas y experiencias en el equipo de liderazgo.

5. ¿Cuál es el papel del liderazgo en la implementación exitosa de la responsabilidad social empresarial (RSE)?

El liderazgo ético y la comunicación efectiva son factores clave para la implementación exitosa de la RSE en la empresa. Los autores sugieren que los líderes éticos pueden establecer una cultura organizacional basada en la responsabilidad social, y que una comunicación efectiva puede ayudar a involucrar a los empleados y mejorar la comprensión y aceptación de las prácticas de RSE.

6. ¿Cómo se puede identificar a un líder en el ámbito empresarial?

Hay varias formas de identificar a un líder en el ámbito empresarial, entre las cuales se incluyen:

Observación directa: se puede identificar a un líder observando cómo interactúa con sus colegas y subordinados, cómo toma decisiones, cómo se comunica, cómo maneja los conflictos y cómo lidera a su equipo hacia los objetivos de la empresa.

Evaluación de desempeño: las evaluaciones de desempeño pueden proporcionar información sobre las habilidades de liderazgo de un individuo. Los líderes exitosos suelen ser aquellos que tienen un alto nivel de eficacia en la consecución de los objetivos de la empresa, así como una capacidad para motivar y guiar a su equipo.

Feedback de los empleados: los empleados pueden proporcionar información valiosa sobre las habilidades de liderazgo de un individuo. Los líderes efectivos suelen ser aquellos que son respetados y valorados por sus colegas y subordinados, y que reciben comentarios positivos sobre su capacidad para inspirar, motivar y guiar al equipo hacia el éxito.

Evaluación psicométrica: algunas empresas utilizan pruebas psicométricas para identificar habilidades específicas de liderazgo, tales como la capacidad de comunicación, la toma de decisiones, la gestión del tiempo, la resolución de problemas, entre otras.

Un ejemplo concreto de una evaluación psicométrica comúnmente utilizada en el ámbito empresarial es la prueba de personalidad *Myers-Briggs Type Indicator* (MBTI, por sus siglas en inglés). Esta evaluación mide las preferencias psicológicas en cómo las personas perciben el mundo y toman decisiones. Se utiliza para identificar los tipos de personalidad de los empleados y cómo estos pueden afectar su trabajo y su relación con los demás en el lugar de trabajo.

Por ejemplo, un líder con un tipo de personalidad "ENTJ" (*Extroverted, Intuitive, Thinking, Judging*) puede ser visto como un líder fuerte y directivo, mientras que un líder con un tipo de personalidad "INFP" (*Introverted, Intuitive, Feeling, Perceiving*) puede ser visto como más orientado a la colaboración y la empatía. Esta evaluación puede ayudar a las empresas a identificar y desarrollar líderes en función de sus características psicológicas y sus habilidades de liderazgo.

Es importante recordar que la identificación de un líder efectivo no se basa únicamente en su posición jerárquica o su título, sino en su capacidad para guiar al equipo hacia los objetivos de la empresa y en su capacidad para inspirar, motivar y apoyar a sus colegas y subordinados.

7. ¿Los líderes nacen o se forman durante la vida?

Esta es una pregunta que ha generado un amplio debate en la literatura sobre liderazgo. En general, se cree que tanto la genética como el ambiente y las experiencias de vida influyen en el desarrollo de habilidades de liderazgo. Es decir, es una combinación de factores innatos y adquiridos.

Por un lado, hay evidencia que sugiere que algunas personas pueden tener ciertas características y rasgos de personalidad que los hacen más propensos a ser líderes naturales, como la extroversión, la capacidad de comunicación, la inteligencia emocional y la capacidad de toma de decisiones.

Por otro lado, también se ha demostrado que el liderazgo puede ser aprendido y desarrollado a través de la educación, la capacitación, la experiencia laboral y la retroalimentación. En este sentido, es importante destacar que la mayoría de los líderes exitosos han pasado por un proceso de formación y desarrollo de habilidades de liderazgo a lo largo de su vida.

En conclusión, aunque algunos individuos pueden tener ciertas características innatas que los hacen más propensos a ser líderes, es más común que los líderes se formen y desarrollen a través de la educación, la experiencia y el entrenamiento en habilidades de liderazgo.

8. Interprete la Figura 1 sobre liderazgo:

Figura 1. Proceso de Liderazgo.

La Figura 1 presenta una pirámide que describe el "Proceso de Liderazgo", estructurado en cinco niveles progresivos:

Motivación y Comunicación: la base de la pirámide, que sugiere que un líder debe comenzar motivando e inspirando a su equipo mediante una comunicación efectiva y clara. Este nivel es fundamental para construir una conexión y fomentar el compromiso inicial.

Inspiración y Compromiso: este segundo nivel se enfoca en inspirar a los miembros del equipo y generar un compromiso genuino hacia los objetivos compartidos. Aquí, el líder fomenta un entorno en el que los miembros se sienten valorados y motivados a contribuir.

Creación de Visión: en el siguiente nivel, el líder establece una visión clara y compartida para el equipo o la organización. La visión actúa como una guía que dirige y alinea los esfuerzos colectivos.

Liderazgo Distribuido: este nivel implica que el liderazgo no es exclusivo de una sola persona, sino que se comparte y distribuye entre los miembros del equipo, promoviendo la colaboración y el empoderamiento.

Adherencia Ética: en la cima de la pirámide, el liderazgo se basa en principios éticos sólidos. La adherencia ética representa la integridad y la honestidad, lo cual es esencial para ganar la confianza y el respeto de los demás.

La pirámide sugiere un enfoque integral y progresivo del liderazgo, donde cada nivel proporciona una base para el siguiente, construyendo un liderazgo sólido y ético que inspira y empodera a todos los involucrados.

9. ¿Qué indicadores de excelencia empresarial se utilizan sobre el liderazgo?

Entre otros indicadores se pueden utilizar los siguientes:

a. Índice de compromiso del liderazgo (*Leadership Commitment Index*): este indicador mide el grado de compromiso de los líderes de la organización con los objetivos estratégicos y la cultura organizacional. Se calcula como el porcentaje de líderes que han demostrado un alto grado de compromiso en las encuestas de clima organizacional.

Fórmula: (Número de líderes con alto compromiso / Total de líderes) x 100

b. Índice de diversidad e inclusión (*Diversity and Inclusion Index*): este indicador mide la capacidad del liderazgo para fomentar la diversidad y la inclusión en la organización. Se calcula como el porcentaje de empleados de grupos minoritarios que han sido contratados o promovidos en puestos de liderazgo en un período de tiempo determinado.

Fórmula: (Número de empleados de grupos minoritarios contratados o promovidos en puestos de liderazgo / Total de empleados de puestos de liderazgo) x 100

c. Índice de comunicación efectiva (*Effective Communication Index*): este indicador mide la efectividad de la comunicación del liderazgo con los empleados y otras partes interesadas. Se calcula como el porcentaje de empleados que consideran que la comunicación del liderazgo es clara y efectiva.

Fórmula: (Número de empleados que consideran que la comunicación del liderazgo es clara y efectiva / Total de empleados encuestados) x 100

d. Índice de satisfacción del liderazgo (*Leadership Satisfaction Index*): este indicador mide el grado de satisfacción de los empleados con el liderazgo de la organización. Se calcula como el promedio de las calificaciones de los empleados en las encuestas de satisfacción con el liderazgo.

Fórmula: (Suma de las calificaciones de los empleados en la encuesta de satisfacción con el liderazgo / Total de empleados encuestados)

e. Índice de desarrollo de liderazgo (*Leadership Development Index*): este indicador mide la capacidad del liderazgo para desarrollar y retener líderes de alto potencial. Se calcula como el porcentaje de líderes de alto potencial que han sido identificados y que han recibido desarrollo y oportunidades de crecimiento.

Fórmula: (Número de líderes de alto potencial que han recibido desarrollo y oportunidades de crecimiento / Total de líderes de alto potencial identificados) x 100

f. Índice de liderazgo ético (*Ethical Leadership Index*): este indicador mide la capacidad del liderazgo para liderar con ética y transparencia. Se calcula como el porcentaje de empleados que consideran que el liderazgo de la organización es ético y transparente.

Fórmula: (Número de empleados que consideran que el liderazgo de la organización es ético y transparente / Total de empleados encuestados) x 100

Parte de estos criterios conceptuales:

- Integridad: la capacidad del líder para actuar de acuerdo con los valores y principios éticos.

- Justicia: el grado en que el líder trata a todos los empleados de manera justa y equitativa.

- Responsabilidad: el grado en que el líder asume la responsabilidad por sus decisiones y acciones.

- Transparencia: el grado en que el líder es transparente en su comunicación y acciones.

- Respeto: el grado en que el líder respeta y valora a los empleados y a su diversidad.

La puntuación total se calcula sumando las puntuaciones de cada uno de estos aspectos y dividiendo por el número total de preguntas en la evaluación.

g. Índice de liderazgo transformacional (*Transformational Leadership Index*): este indicador mide la capacidad del liderazgo para inspirar, motivar y guiar a los empleados hacia la consecución de los objetivos de la empresa a través de la creación de una visión compartida y el fomento del desarrollo personal y profesional de los trabajadores.

Fórmula: El índice de liderazgo transformacional se puede medir a través de encuestas o evaluaciones realizadas por los empleados sobre la efectividad de su liderazgo en los siguientes aspectos:

- **Visión:** la capacidad del líder para crear y comunicar una visión clara y compartida.

- **Inspiración:** la habilidad del líder para inspirar a los empleados a trabajar por la consecución de la visión.

- **Motivación:** la capacidad del líder para motivar y apoyar a los empleados en su desarrollo personal y profesional.

- Empoderamiento: el grado en que el líder empodera a los empleados para tomar decisiones y responsabilizarse de sus acciones.

- Inteligencia emocional: la habilidad del líder para reconocer y manejar sus propias emociones y las de los demás.

La puntuación total se calcula sumando las puntuaciones de cada uno de estos aspectos y dividiendo por el número total de preguntas en la evaluación. ítem, lo que resulta en una puntuación máxima de 20. Una puntuación alta indica un liderazgo transformacional fuerte, mientras que una puntuación baja sugiere un liderazgo transaccional o *laissez-faire*.

h. Indicador de clima laboral: este indicador mide el grado de satisfacción y compromiso de los empleados con la empresa y su liderazgo. Se puede calcular mediante encuestas y evaluaciones de clima laboral, y su fórmula es:

Clima laboral = (Número de empleados satisfechos / Total de empleados evaluados) x 100

i. Indicador de retención de talentos: este indicador mide la capacidad de la empresa para atraer, retener y desarrollar a sus empleados más valiosos. Se puede calcular mediante la tasa de rotación de empleados clave, la retención de empleados de alto rendimiento y la inversión en desarrollo y formación de talentos. Su fórmula es:

Retención de talentos = ((Empleados clave retenidos / Total de empleados clave) x 100) + ((Empleados de alto rendimiento retenidos / Total de empleados de alto rendimiento) x 100) + (Inversión en desarrollo de talentos / Gastos totales de personal) x 100

j. Indicador de diversidad e inclusión: este indicador mide el grado de diversidad y equidad de género en la empresa y su liderazgo. Se puede calcular mediante el porcentaje de mujeres y miembros de grupos minoritarios en puestos directivos y de liderazgo, así como la evaluación de políticas y prácticas de inclusión. Su fórmula es:

Diversidad e inclusión = ((Número de mujeres en puestos directivos / Total de puestos directivos) x 100) + ((Número de miembros de grupos minoritarios en puestos directivos / Total de puestos directivos) x 100) + (Índice de inclusión / 100)

k. Indicador de reputación corporativa: este indicador mide la percepción y la imagen pública de la empresa y su liderazgo. Se puede calcular mediante encuestas y evaluaciones de imagen corporativa, así como el monitoreo de la cobertura mediática y la presencia en redes sociales. Su fórmula es:

Reputación corporativa = (Puntuación promedio en encuestas de imagen corporativa + Cobertura mediática positiva + Presencia en redes sociales) / 3

l. Índice de liderazgo inclusivo (*Inclusive Leadership Index*): este indicador mide el grado en que el liderazgo de la empresa fomenta y promueve la diversidad e inclusión en todas las áreas de la empresa.

Fórmula: el índice de liderazgo inclusivo se puede medir a través de encuestas o evaluaciones realizadas por los empleados sobre la efectividad de su liderazgo en los siguientes aspectos:

- Diversidad: el grado en que el líder promueve y valora la diversidad en la empresa.

- Inclusión: el grado en que el líder fomenta y promueve la inclusión y la participación de todos los empleados.

- Sensibilidad cultural: La habilidad del líder para comprender y respetar las diferencias culturales de los empleados.

- Equidad: el grado en que el líder trata a todos los empleados con equidad y justicia.

- Accesibilidad: el grado en que el líder promueve la accesibilidad para todos los empleados.

m. Índice de liderazgo adaptativo (*Adaptive Leadership Index*): este indicador mide la capacidad del liderazgo para adaptarse a los cambios y desafíos en el entorno empresarial. Se evalúa a través de preguntas sobre la capacidad del liderazgo para tomar decisiones rápidas y efectivas en situaciones de cambio, y para motivar y guiar a los empleados durante períodos de incertidumbre y cambio. La puntuación total se calcula sumando las puntuaciones de cada ítem, lo que resulta en una puntuación máxima de 20. Una puntuación alta indica un liderazgo adaptativo fuerte y capaz de enfrentar los desafíos empresariales actuales y futuros.

Esencialmente estos son solo algunos ejemplos de los muchos indicadores de excelencia empresarial que existen en relación con el liderazgo. Cada indicador tiene su propia fórmula y método de evaluación, y es importante seleccionar los indicadores más relevantes para la empresa y sus objetivos estratégicos. El uso de estos indicadores puede ayudar a las empresas a evaluar su liderazgo y mejorar sus prácticas de liderazgo para lograr el éxito empresarial sostenible.

En resumen, estos indicadores de excelencia empresarial sobre liderazgo permiten medir el desempeño y la eficacia de los líderes en la gestión de la empresa, el compromiso y la satisfacción de los empleados, la diversidad e inclusión en el liderazgo, la gestión del cambio y la reputación corporativa. Cada uno de ellos puede ser utilizado de forma individual o combinada para evaluar el liderazgo y la cultura organizacional de una empresa y hacer mejoras para alcanzar la excelencia empresarial.

10. ¿Cómo se mide el liderazgo a través del *Multifactor Leadership Questionnaire (MLQ)*?

Uno de los instrumentos más ampliamente utilizados para medir el liderazgo es el *Multifactor Leadership Questionnaire* (MLQ) desarrollado por Bass y Avolio (1995). El MLQ es un cuestionario estandarizado que mide tres estilos de liderazgo: transformacional, transaccional y *laissez-faire* (término francés que se traduce como "dejar hacer" o "dejar pasar").

El MLQ, es una herramienta ampliamente utilizada para evaluar diferentes dimensiones del liderazgo, incluyendo los estilos transformacional, transaccional y laissez-faire. Estudios como el de Hartog, Muijen y Koopman (1997) han analizado la estructura factorial del MLQ, confirmando la presencia de los tres estilos de liderazgo propuestos. Sin embargo, también señalaron algunas diferencias en la estructura de las escalas, especialmente en las dimensiones de liderazgo transaccional y laissez-faire, lo que llevó a ajustes en la versión adaptada del cuestionario (Hartog et al., 1997).

Además, la validación del MLQ en diferentes contextos ha sido objeto de numerosos estudios, como el trabajo de Antonakis, Avolio y Sivasubramaniam (2003), quienes examinaron la validez del modelo de liderazgo de nueve factores utilizando el MLQ en una muestra diversa. Los resultados apoyaron la estructura del modelo propuesto, demostrando su estabilidad en distintos contextos y géneros, lo que refuerza la robustez del MLQ como instrumento para medir el liderazgo en diversas organizaciones (Antonakis et al., 2003).

El MLQ se ha utilizado ampliamente en la investigación y en el ámbito empresarial para evaluar la efectividad del liderazgo y el impacto de los programas de desarrollo de liderazgo. La escala de medición del MLQ tiene una buena fiabilidad y validez, y ha sido validada en diferentes contextos y culturas.

Existen diferentes versiones y formatos del MLQ, dependiendo de la población objetivo y del contexto de aplicación. Un ejemplo hipotético de cómo se podrían calcular las puntuaciones utilizando el MLQ es el siguiente:

Supongamos que se aplica el MLQ a un grupo de 50 empleados de una empresa. El cuestionario consta de 36 preguntas que evalúan tres dimensiones del liderazgo: transformacional, transaccional y evitación del liderazgo. Cada pregunta se puntúa en una escala de 0 a 5, donde 0 representa "nunca" y 5 representa "con mucha frecuencia".

Después de que los empleados completan el cuestionario, se suman las puntuaciones de las preguntas correspondientes a cada dimensión del liderazgo. Por ejemplo, las preguntas 1 a 12 podrían evaluar el liderazgo transformacional, las preguntas 13 a 24 podrían evaluar el liderazgo transaccional y las preguntas 25 a 36 podrían evaluar la evitación del liderazgo.

Supongamos que el resultado de sumar las puntuaciones para cada dimensión del liderazgo es el siguiente:

- **Liderazgo transformacional:** la suma de las puntuaciones de las preguntas 1 a 12 es 78.

- **Liderazgo transaccional:** la suma de las puntuaciones de las preguntas 13 a 24 es 62.

- Evitación del liderazgo: La suma de las puntuaciones de las preguntas 25 a 36 es 30.

Una vez que se obtienen las sumas, se calcula el promedio dividiendo cada suma por el número de preguntas correspondientes a esa dimensión:

- Promedio de liderazgo transformacional: 78 / 12 = 6.5

- Promedio de liderazgo transaccional: 62 / 12 = 5.17

- Promedio de evitación del liderazgo: 30 / 12 = 2.5

Estos promedios representan las puntuaciones medias de cada dimensión del liderazgo para el grupo de empleados evaluados. Pueden compararse con normas establecidas previamente o utilizarse como referencia para evaluar el nivel de liderazgo en la organización.

Es importante destacar que este es solo un ejemplo hipotético y que los cálculos reales pueden variar según el diseño y las especificaciones del MLQ utilizado en cada estudio o evaluación.

Otra herramienta de medición del liderazgo que se puede descargar en Excel es el *Leadership Practices Inventory (LPI)* desarrollado por Kouzes y Posner (2017). El LPI es un cuestionario estandarizado que mide cinco prácticas de liderazgo: modelar el camino; inspirar una visión compartida; desafiar el proceso; habilitar a otros; y fomentar el corazón.

El LPI es una herramienta ampliamente utilizada para evaluar las prácticas de liderazgo efectivo. Según Posner (2016), el LPI mide las cinco prácticas fundamentales de liderazgo: antes mencionadas, las cuales han sido validadas en múltiples estudios, lo que confirma la robustez del LPI como un instrumento confiable y válido para la evaluación del liderazgo en diversas organizaciones y contextos culturales (Posner, 2016).

El LPI se ha utilizado en el ámbito empresarial y en la investigación para evaluar el impacto de los programas de desarrollo de liderazgo y la efectividad del liderazgo en diferentes contextos y culturas. El LPI se puede obtener mediante el pago de una licencia de uso, que incluye una versión en línea y una versión descargable en Excel.

Ambos instrumentos tienen un buen respaldo empírico y se han utilizado ampliamente en el ámbito empresarial y de investigación. Sin embargo, es importante recordar que ninguna herramienta de medición es perfecta y que siempre se debe tener en cuenta el contexto específico de aplicación y las limitaciones y posibles sesgos asociados a cada instrumento.

1.11 Casos de éxito en liderazgo

1.11.1 Caso hipotético de éxito en liderazgo

Supongamos que estamos hablando de una empresa tecnológica hipotética llamada "InnovaTech", que se dedica a desarrollar software empresarial de vanguardia. Uno de los principales factores detrás del éxito de InnovaTech es su liderazgo centrado en el equipo y en la innovación constante.

El fundador y CEO de InnovaTech, Carlos, es un líder que valora la diversidad y la inclusión, lo que ha llevado a una cultura empresarial abierta y colaborativa. Él sabe que la innovación es el núcleo del éxito de su empresa, por lo que ha creado una estructura organizativa que promueve la experimentación y el aprendizaje constante.

Carlos ha implementado un programa interno de capacitación y desarrollo de liderazgo que fomenta la formación de equipos diversos y multidisciplinarios. Él sabe que la diversidad es un factor clave en la generación de ideas innovadoras y en el desarrollo de soluciones que satisfagan las necesidades de una amplia gama de clientes.

Además, Carlos ha sido muy proactivo en la búsqueda de talentos y en la contratación de personas con habilidades y experiencias diversas. Él sabe que tener un equipo diverso es fundamental para la innovación y el crecimiento empresarial. Carlos también ha establecido un ambiente de trabajo inclusivo y ha creado una cultura de retroalimentación constructiva y de mejora continua.

Gracias al liderazgo de Carlos y a la cultura empresarial que ha creado, InnovaTech ha logrado desarrollar software empresarial de vanguardia que ha tenido un gran éxito en el mercado. La empresa ha crecido constantemente y ha logrado expandirse a nuevos mercados internacionales. La cultura de innovación constante ha permitido a InnovaTech seguir siendo líder en su sector, adaptándose rápidamente a los cambios en las necesidades de los clientes y en la evolución del mercado.

En resumen, el éxito de InnovaTech es el resultado de un liderazgo centrado en el equipo y en la innovación constante. Carlos ha creado una cultura empresarial abierta y colaborativa, que valora la diversidad y la inclusión, y ha fomentado un ambiente de trabajo donde la experimentación y el aprendizaje constante son fundamentales. Estas prácticas han permitido a InnovaTech desarrollar soluciones empresariales innovadoras que han tenido un gran éxito en el mercado.

1.11.2 Caso real de éxito en liderazgo

Un caso real de éxito en el liderazgo es el de Satya Nadella, el actual CEO de Microsoft. Nadella asumió el cargo en 2014, en un momento en que Microsoft estaba luchando para mantenerse relevante en el mercado de la tecnología. Su liderazgo transformacional ha llevado a la empresa a una renovación y a un crecimiento impresionante.

Una de las claves del liderazgo de Nadella ha sido su capacidad para enfocar a Microsoft en una misión clara y coherente: "Empoderar a cada persona y a cada organización en el planeta para lograr más". Esta visión ha guiado la toma de decisiones y la estrategia empresarial de Microsoft, llevando a la empresa a una renovación significativa de su enfoque en la nube y en los servicios empresariales.

Además, Nadella ha fomentado una cultura empresarial más colaborativa y abierta en Microsoft. Él ha animado a los empleados a tomar riesgos y a experimentar, y ha fomentado una mentalidad de aprendizaje continuo en toda la organización. También ha valorado la diversidad y la inclusión, y ha tomado medidas para mejorar la igualdad de género y la diversidad en el lugar de trabajo.

Estas prácticas de liderazgo de Nadella han dado lugar a un éxito empresarial impresionante para Microsoft. Durante su mandato, la capitalización de mercado de la empresa se ha más que triplicado, pasando de alrededor de $300 mil millones a más de $2 billones. La empresa ha lanzado nuevos servicios empresariales y ha expandido significativamente su presencia en la nube, convirtiéndose en uno de los líderes del mercado.

Al comparar este caso real con el caso hipotético anteriormente descrito, podemos ver algunas similitudes en cuanto a los valores del liderazgo centrado en el equipo y en la innovación constante, y la promoción de la diversidad y la inclusión. Ambos líderes han fomentado una cultura empresarial abierta y colaborativa, donde la experimentación y el aprendizaje continuo son fundamentales.

Sin embargo, hay algunas diferencias en cuanto a la misión empresarial y las estrategias de crecimiento. Mientras que InnovaTech se enfoca en el desarrollo de software empresarial de vanguardia, Microsoft ha evolucionado hacia una empresa de servicios empresariales y en la nube. Además, Nadella ha enfocado a Microsoft en una misión clara y coherente, mientras que Carlos en el caso hipotético no se menciona explícitamente una misión empresarial.

En general, ambos casos de éxito en el liderazgo destacan la importancia de fomentar una cultura empresarial colaborativa, centrada en el equipo, la innovación constante y la diversidad e inclusión. Estas prácticas pueden ayudar a impulsar el éxito empresarial y permitir a las empresas adaptarse rápidamente a los cambios en el mercado y en las necesidades de los clientes.

1.11.3 Caso real de éxito de liderazgo en el deporte

Un caso real de éxito en el liderazgo en el deporte es el de Alex Ferguson, el ex-entrenador del Manchester United, uno de los clubes de fútbol más exitosos en la historia del deporte.

Durante su mandato de 26 años en el Manchester United, Ferguson transformó el club de un equipo de mitad de tabla a uno de los clubes más exitosos en el mundo del fútbol. Ferguson ganó 13 títulos de la Liga Premier inglesa, 2 Ligas de Campeones de la UEFA y muchos otros títulos importantes.

La clave del éxito de Ferguson fue su habilidad para inspirar y motivar a sus jugadores, y crear un ambiente de equipo fuerte y unido. Él entendió la importancia de crear una cultura empresarial positiva, en la que todos los miembros del equipo se sintieran valorados y respetados.

Ferguson también demostró una gran capacidad para la toma de decisiones y la gestión del cambio. En lugar de aferrarse a una estrategia o filosofía de juego específica, él se adaptó constantemente a los cambios en el fútbol y en el mercado de transferencias. Ferguson siempre estuvo dispuesto a tomar riesgos y hacer cambios audaces para mantener al equipo fresco y relevante.

Además, Ferguson fue conocido por su habilidad para reclutar y desarrollar jóvenes talentos. Él no solo buscó a los mejores jugadores del mundo, sino que también invirtió en la formación y el desarrollo de jugadores jóvenes, lo que ayudó a mantener al equipo competitivo a largo plazo.

En general, el liderazgo de Alex Ferguson fue fundamental para el éxito del Manchester United en el fútbol. Su habilidad para motivar y unir a su equipo, su capacidad para tomar decisiones audaces y adaptarse a los cambios en el mercado, y su enfoque en el desarrollo de talentos jóvenes, son lecciones importantes para cualquier líder en cualquier campo.

1.12 Preguntas de reflexión

Los autores sugieren diversas preguntas de reflexión para que el lector siga profundizando en el estudio de este importante tema abordado en el capítulo 1.

1. ¿Cuáles son las diferencias entre la teoría de los rasgos y la teoría conductual o funcional en cuanto a su enfoque del liderazgo?

2. ¿Cuáles son las principales críticas a la teoría de los rasgos y cómo pueden estas críticas afectar la efectividad del liderazgo?

3. ¿Cómo se relacionan las teorías situacionales o de contingencia con el enfoque situacional del liderazgo?

4. ¿Cómo pueden los líderes transformacionales fomentar la innovación en las empresas?

5. ¿Cuál es el papel del liderazgo estratégico en el éxito de las empresas?

6. ¿Qué son las teorías implícitas del liderazgo y cómo pueden ser utilizadas en la formación de líderes efectivos?

7. ¿Cuál es el impacto del liderazgo en la cultura organizacional y cómo puede esto influir en la productividad y la retención de empleados?

8. ¿Cómo pueden las teorías del liderazgo ser aplicadas en la gestión del cambio organizacional?

9. ¿Cuál es el papel de la inteligencia emocional en el liderazgo efectivo?

10. ¿Cómo puede el liderazgo ético influir en el desempeño y la reputación de la empresa?

1.13 Crucigrama sobre liderazgo

A continuación, se muestra un crucigrama (epígrafe 1.13) y una sopa de letras (epígrafe 1.14) relacionados con varios de los conceptos abordados sobre el liderazgo, el cual no solo es una forma entretenida de repasar los conceptos aprendidos, sino que también ayudan a reforzar la comprensión y retención de la información. Por lo tanto, se recomienda que el lector tome el tiempo para completar estos juegos y asegurarse de que ha comprendido completamente los conceptos presentados en este libro. Las soluciones aparecen en los anexos

Capítulo 1: Revisión de las Diferentes Teorías del Liderazgo

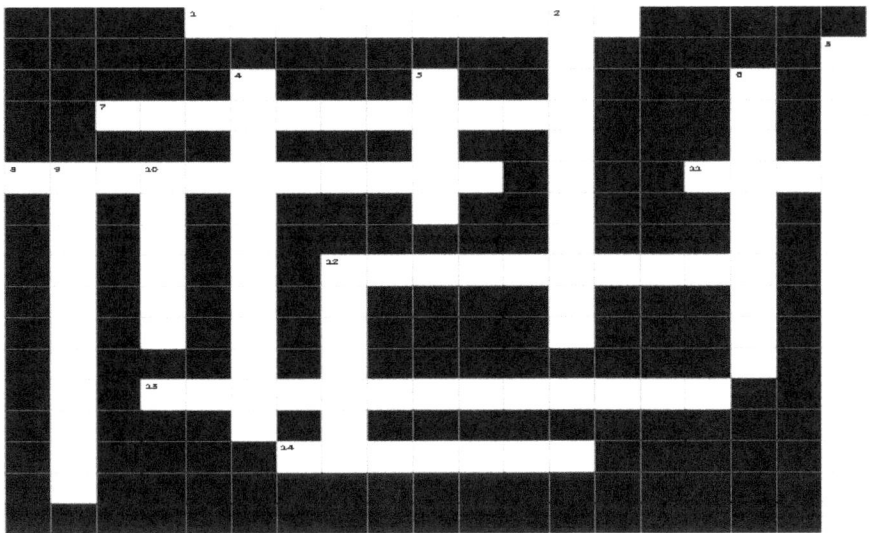

Horizontal

1- Teoría postula que el liderazgo no es una cuestión de rasgos personales inherentes, sino de comportamientos y acciones específicas que un líder puede aprender y adoptar.

7- Técnica de liderazgo que se enfoca en la participación de todos los miembros del grupo en la toma de decisiones.

8- Se refiere a la capacidad de los líderes para dirigir y gestionar de manera efectiva la estrategia de la organización.

11- Enfoque sobre el liderazgo transformacional desarrollado por un psicólogo y experto en liderazgo en la década de 1980.

12- Estilo de liderazgo que se enfoca en la motivación a través del castigo o la amenaza de este.

13- Estilo de liderazgo que se enfoca en la delegación de tareas y responsabilidades.

14- Teoría que sostiene que el líder efectivo es aquel que adapta su estilo de liderazgo al nivel de madurez de sus seguidores.

Vertical

2- Estilo de liderazgo que se enfoca en el logro de objetivos y metas.

3- Estilo de liderazgo que se enfoca en el bienestar de los miembros del grupo.

4- Teoría que sugiere que el líder adecuado para una situación específica depende de la tarea a realizar y de las características del grupo.

5- Tipo de liderazgo que se guía por principios morales y valores sólidos, y que tiene en cuenta las consecuencias de las decisiones y acciones de los líderes en los demás.

6- Teoría que sugiere que la efectividad del liderazgo depende de las relaciones entre líder y seguidores, y de la capacidad del líder para satisfacer las necesidades y expectativas de sus seguidores.

9- Teoría que se centra en que el éxito del liderazgo depende de cómo los líderes se adapten a diferentes situaciones y contextos.

10- Teoría que establece que los líderes nacen con ciertas características innatas que les permiten liderar.

12- Habilidad de un líder para inspirar y motivar a sus seguidores hacia el logro de objetivos comunes.

1.14 Sopa de letras sobre liderazgo

Encuentra estas palabras

SITUACIONAL	CONTINGENCIA
TRANSFORMACIONAL	RASGOS
BASS	LIDERAZGO
LÍDERES	CONDUCTUAL
CARISMÁTICO	ÉTICO

```
I F C G Y Y N S O S O G S A R V F K
X T S I T U A C I O N A L T Z O U X
M B R O H F C X L V O O R U A A E L
R L Z A C T A D D D S M P K D W J A
Q I Q O N I X I L F V S E N J C R U
K N Y W O S T Q C F L C J G D G R T
Y Q S M M M F Á J N K Z M E O H M C
X V O L S S V O M X E V G C J S C U
U Y Y E S T X X R S R G Q L J Q E D
K P N W A Y M S F M I É N Y U O N N
U R J B A S S K E E A R T I C Q Y O
L C H X L K K W J R O C A I T P P C
P U Y H D J P L A S E K I C C N S E
J M E X L I D D J F E D X O Z O O T
L I D E R A Z G O C N H Í X N L U C
Q S M F O A R X S L K R T L G A A T
M C G Z A F M N P R E S E O A X L C
V R Y Q H K N R E M D K S F T N J Y
```

1.15 Resumen del capítulo

El capítulo 1 de este libro se enfoca en la revisión de diferentes teorías del liderazgo, comenzando con una definición del concepto de liderazgo y luego explorando teorías como la Teoría de los Rasgos; la Teoría Conductual o Funcional; las Teorías Situacionales o de Contingencia; el Enfoque de Bass sobre el Liderazgo Transformacional; las Teorías de Liderazgo Estratégico; las Teorías Implícitas del Liderazgo; la Inteligencia Emocional; y el Liderazgo Ético. Además, se presentan preguntas variadas y casos de éxito en liderazgo, incluyendo un caso hipotético y dos casos reales, uno de los cuales se enfoca en el liderazgo en el deporte. El capítulo concluye con un resumen y preguntas de reflexión, así como un crucigrama y una sopa de letras para reforzar los conceptos presentados. Este capítulo es fundamental para aquellos que buscan desarrollar habilidades de liderazgo y comprender las diferentes teorías que sustentan este importante tema empresarial.

El capítulo comienza presentando los conceptos básicos de liderazgo, destacando la importancia que este tiene en el ámbito empresarial y organizacional, donde es necesario contar con líderes capaces de dirigir y motivar a los empleados para alcanzar los objetivos de la empresa.

Posteriormente, se aborda la teoría de los rasgos, que sostiene que los líderes poseen ciertas características innatas que los hacen más eficaces que otros en su función. Se mencionan las críticas a esta teoría, entre las que se encuentran la falta de evidencia empírica y la falta de consideración de otros factores que influyen en el liderazgo.

Luego se discute la teoría conductual o funcional, que se enfoca en las acciones que los líderes deben tomar para ser efectivos en su rol. Se presentan algunos estudios que respaldan esta teoría y se mencionan sus limitaciones, como la dificultad de definir un conjunto de acciones universales que sean efectivas en todas las situaciones.

El enfoque situacional, también conocido como teorías situacionales o de contingencia, sostiene que el liderazgo efectivo depende del grado de correspondencia entre el estilo de liderazgo y las características de la situación. Se presentan algunos modelos de liderazgo situacional y se discuten sus ventajas y desventajas.

La teoría de liderazgo transformacional, propuesta por Bass, se enfoca en la capacidad de los líderes para inspirar y motivar a sus seguidores. Se presenta una discusión sobre las características de los líderes transformacionales y se mencionan algunas críticas a esta teoría.

Las teorías de liderazgo estratégico se enfocan en la capacidad de los líderes para adaptarse a las necesidades cambiantes de la empresa y para desarrollar estrategias efectivas. Se presentan algunos modelos de liderazgo estratégico y se discuten sus ventajas y desventajas.

También, se mencionan las teorías implícitas del liderazgo, que se refieren a las ideas y creencias que los individuos tienen acerca del liderazgo. Se presenta una discusión sobre cómo estas teorías implícitas pueden influir en el comportamiento de los líderes y se mencionan algunas estrategias para cambiar las creencias de los individuos sobre el liderazgo.

Adicionalmente, se sintetizan aspectos de interés sobre la Inteligencia Emocional y el Liderazgo Ético. En resumen, este capítulo proporciona una revisión completa de las diferentes teorías del liderazgo, desde la teoría de los rasgos hasta las teorías implícitas del liderazgo. Cada teoría se presenta de manera clara y concisa, destacando sus principales características y limitaciones. Además, se proporcionan ejemplos concretos para ilustrar cada teoría. Este capítulo será de gran utilidad para cualquier persona interesada en entender los diferentes enfoques del liderazgo y su aplicación en el ámbito empresarial y organizacional.

Las teorías del liderazgo han sido ampliamente investigadas y han proporcionado una guía útil para comprender cómo los líderes pueden influir en el rendimiento y la competitividad de las empresas. En la empresa moderna, estas teorías pueden ser aplicadas para lograr el liderazgo efectivo y mejorar el proceso de innovación y cambio organizacional.

En conclusión, las teorías del liderazgo y del cambio organizacional pueden ser aplicadas en la empresa moderna para lograr un liderazgo efectivo y mejorar el proceso de innovación y cambio organizacional. Los líderes transformacionales y auténticos pueden motivar e inspirar a los empleados, fomentar un ambiente de trabajo que estimula la innovación y el cambio organizacional. Además, un enfoque planificado y estructurado para el cambio organizacional puede garantizar el éxito en la implementación de la innovación y el cambio.

Capítulo 2. Las Concepciones del Cambio Organizacional

El **objetivo de este capítulo** es interpretar las concepciones del cambio organizacional.

El cambio organizacional es importante porque permite a las empresas adaptarse a un entorno en constante evolución y mantener su relevancia en el mercado. Las empresas que no se adaptan a los cambios en su entorno corren el riesgo de quedarse atrás y perder su ventaja competitiva.

Además, el cambio organizacional puede ayudar a las empresas a mejorar su eficiencia, productividad y rentabilidad. Al implementar nuevos procesos, tecnologías o estrategias, las empresas pueden mejorar la calidad de sus productos y servicios, reducir costes y aumentar su capacidad para satisfacer las necesidades de los clientes.

El cambio organizacional también puede ser importante para la motivación y el compromiso de los empleados. Al involucrar a los empleados en el proceso de cambio y proporcionarles nuevas oportunidades de aprendizaje y desarrollo, las empresas pueden mejorar la satisfacción y el compromiso de los empleados, lo que puede tener un impacto positivo en la productividad y la retención de talentos.

2.1 Concepto de cambio organizacional

No se reconoce a un único creador del concepto de cambio organizacional, ya que se trata de un campo de estudio interdisciplinario que ha evolucionado a lo largo del tiempo con la contribución de diversos autores y disciplinas.

Algunos de los autores más influyentes en el campo del cambio organizacional incluyen a Kurt Lewin, Edgar Schein, Chris Argyris, Richard Pascale, John Kotter y Rosabeth Moss Kanter. Sin embargo, también hay muchos otros autores que han contribuido.

Vega y Comas (2017) destacan que existen diversas herramientas y mecanismos que actualmente facilitan la dirección estratégica, especialmente cuando se acepta la gestión del cambio como un aspecto inevitable debido a la inestabilidad y la variabilidad del entorno en el que operan las organizaciones.

El concepto de cambio organizacional se refiere a la transformación planificada de una organización en respuesta a cambios en su entorno interno o externo. Puede ser impulsado por factores como la globalización, la tecnología, la competencia, la regulación y la diversidad.

El cambio organizacional puede ser iniciado por líderes organizacionales o por empleados a nivel de base, y puede implicar cambios en la estructura, cultura, procesos, tecnología o estrategia de una organización. También puede ser un proceso complejo y desafiante, con posibles obstáculos como la resistencia al cambio, la falta de recursos, la falta de apoyo de la alta dirección y la falta de comunicación efectiva.

Las concepciones del cambio organizacional han sido objeto de diversos enfoques teóricos que intentan explicar cómo y por qué las organizaciones cambian. Ven y Poole (1995) presentan cuatro teorías fundamentales que sirven como base para entender los procesos de cambio en las organizaciones: el ciclo de vida, la teleología, la dialéctica y la evolución. Cada una de estas teorías ofrece una secuencia diferente de eventos de cambio impulsados por distintos motores conceptuales y que operan a diferentes niveles organizacionales. Estas teorías se aplican en diferentes circunstancias, y su interacción puede generar una amplia variedad de teorías más complejas sobre el cambio y desarrollo organizacional (Ven & Poole, 1995).

Por otro lado, Weick y Quinn (1999) distinguen entre el cambio episódico y el cambio continuo, destacando las diferencias en sus marcos analíticos y en las metáforas de organización que subyacen a cada uno. El cambio episódico se asocia con una secuencia de descongelamiento, transición y recongelamiento, mientras que el cambio continuo sigue una secuencia de congelación, reequilibrio y descongelamiento. Este enfoque conceptualiza el cambio organizacional no solo como un evento puntual, sino como un proceso continuo que puede ser más sutil pero igualmente transformador. La elección de ver el cambio como episódico o continuo está influenciada por las concepciones subyacentes de la inercia organizacional (Weick & Quinn, 1999).

Hay muchas empresas que han logrado un cambio organizacional significativo a lo largo de los años. Aquí hay algunos ejemplos relevantes:

IBM: en la década de 1990, IBM experimentó una transformación importante liderada por su CEO, Lou Gerstner. Gerstner transformó la cultura y la estrategia de la empresa, moviéndola desde una compañía de hardware a una compañía de servicios de tecnología de la información. Esta transformación ayudó a IBM a recuperar su posición como líder en el mercado de tecnología.

Netflix: Netflix es un ejemplo de una empresa que ha experimentado múltiples cambios organizacionales a lo largo de los años. En sus primeros días, Netflix era un servicio de alquiler de DVD por correo. Luego, la compañía se expandió en el mercado de transmisión de video en línea y, más recientemente, se ha centrado en la producción de contenido original. Estos cambios han permitido a Netflix mantenerse relevante en un mercado en constante evolución.

Apple: Apple es otro ejemplo de una empresa que ha experimentado una transformación importante en su historia. En la década de 1990, Apple estaba luchando financieramente y había perdido gran parte de su cuota de mercado. Sin embargo, con el regreso de Steve Jobs como CEO en 1997, la compañía comenzó a centrarse en la innovación y el diseño, lo que llevó al lanzamiento del iPod, iPhone y iPad, y ha permitido a Apple convertirse en una de las empresas más valiosas del mundo.

Estos son solo algunos ejemplos de empresas que han logrado un cambio organizacional significativo a lo largo de los años. Cada empresa enfrenta desafíos y oportunidades únicas, y el éxito de un cambio organizacional depende en gran medida de la capacidad de la empresa para adaptarse a su entorno y ejecutar eficazmente su estrategia de cambio.

Existen diversas barreras que pueden frenar el cambio organizacional en una empresa. A continuación, se presentan algunas de las más comunes:

- **Resistencia al cambio:** la resistencia al cambio es una barrera común que puede dificultar la implementación de nuevos procesos, tecnologías o estrategias en una organización. La resistencia al cambio puede ser causada por factores como la falta de comunicación, la falta de participación de los empleados y la falta de apoyo de la alta dirección.

- **Falta de recursos:** la falta de recursos, como el tiempo, el dinero o el personal, puede ser una barrera importante para el cambio organizacional. Según un artículo reciente en SCOPUS, la falta de recursos puede limitar la capacidad de una empresa para implementar nuevos procesos o tecnologías, lo que puede impedir la adaptación a un entorno cambiante.

- **Cultura organizacional:** la cultura organizacional puede ser una barrera importante para el cambio organizacional si no está alineada con los objetivos del cambio. Según un estudio reciente en SCOPUS, la cultura organizacional puede ser difícil de cambiar y puede requerir un esfuerzo significativo para lograr que los empleados acepten nuevos valores o comportamientos.

Básicamente la resistencia al cambio, la falta de recursos y la cultura organizacional son algunas de las barreras más comunes que pueden frenar el cambio organizacional en una empresa. Es importante que las empresas identifiquen estas barreras y desarrollen estrategias efectivas para superarlas si desean tener éxito en la implementación de un cambio organizacional.

En resumen, el cambio organizacional es importante porque permite a las empresas adaptarse a un entorno cambiante, mejorar su eficiencia y rentabilidad, y aumentar el compromiso y la satisfacción de los empleados. Las empresas que son capaces de implementar cambios exitosos pueden mantener su ventaja competitiva y asegurar su éxito a largo plazo.

2.2 La visión racionalizadora

La visión racionalizadora se refiere a la capacidad de las personas para analizar de manera crítica y objetiva los acontecimientos y fenómenos de su entorno. Esta perspectiva racionalizadora implica un enfoque lógico y sistemático en la interpretación de la realidad, en contraposición a una perspectiva basada en prejuicios y creencias infundadas.

La visión racionalizadora se relaciona positivamente con el desarrollo cognitivo y la resolución de problemas en los estudiantes universitarios. Asimismo, otros estudios han demostrado que la visión racionalizadora se asocia con un mejor desempeño académico y una mayor capacidad para tomar decisiones informadas.

La visión racionalizadora puede influir en la forma en que las personas abordan y resuelven problemas complejos en diferentes áreas, como la ciencia, la tecnología y la ingeniería.

La visión racionalizadora en las organizaciones implica la capacidad de analizar críticamente los fenómenos y acontecimientos en el entorno empresarial, utilizando un enfoque basado en la lógica y la objetividad. Este tipo de visión permite a los líderes y a los miembros de la organización tomar decisiones fundamentadas en hechos y datos empíricos, lo que puede conducir a una mejor comprensión de las dinámicas organizacionales y a una mayor efectividad en la implementación de estrategias. Kantabutra (2009) destaca que una visión organizacional efectiva debe ir más allá de ser simplemente inspiradora; debe estar anclada en la realidad y ser capaz de guiar la toma de decisiones de manera práctica y alcanzable, proporcionando un marco racional para la acción estratégica (Kantabutra, 2009).

Además, la visión racionalizadora está vinculada al desarrollo de teorías y modelos que buscan explicar cómo la racionalidad se integra en la toma de decisiones organizacionales. Newell (2005) propone una revisión de la visión tradicional de la racionalidad, sugiriendo que, en lugar de depender de un conjunto de heurísticas cognitivas especializadas, las organizaciones deberían adoptar modelos integradores que permitan una evaluación más completa y holística de las situaciones. Esta perspectiva sugiere que la racionalidad en las decisiones organizacionales no debe ser vista como un proceso de selección de reglas simples, sino como una integración de múltiples factores y consideraciones que reflejan la complejidad del entorno empresarial (Newell, 2005).

Esencialmente, la visión racionalizadora es una habilidad cognitiva importante que puede mejorar la capacidad de las personas para interpretar y comprender su entorno, y para tomar decisiones informadas y eficaces.

La visión racionalizadora se relaciona con el cambio organizacional de varias maneras. En primer lugar, la visión racionalizadora puede ser una herramienta importante para las organizaciones que buscan implementar cambios en su estructura o procesos. La capacidad de analizar críticamente los procesos e identificar áreas de mejora puede ayudar a las organizaciones a identificar problemas y desarrollar soluciones efectivas.

En segundo lugar, la visión racionalizadora puede ser útil para las organizaciones que buscan desarrollar una cultura de cambio. Los individuos que poseen una visión racionalizadora están más dispuestos a cuestionar las prácticas existentes y a considerar nuevas formas de hacer las cosas. Esto puede fomentar una cultura de innovación y mejora continua dentro de la organización.

Por último, la visión racionalizadora también puede ser importante en el manejo del cambio organizacional. Las personas que poseen una visión racionalizadora están más dispuestas a considerar diferentes perspectivas y a analizar los hechos antes de tomar decisiones. Esto puede ser útil en el manejo de la resistencia al cambio, ya que estas personas pueden proporcionar argumentos y datos sólidos para respaldar la necesidad de cambios y convencer a los demás de su importancia.

La visión racionalizadora puede ser una habilidad importante para las organizaciones que buscan implementar cambios efectivos y desarrollar una cultura de cambio. También puede ser útil en el manejo de la resistencia al cambio y en la toma de decisiones informadas y efectivas.

Por su parte, la visión racionalizadora se relaciona con el liderazgo en varias formas, especialmente en el desarrollo de líderes efectivos que puedan tomar decisiones informadas, basadas en hechos y análisis crítico. Los líderes que poseen una visión racionalizadora están más dispuestos a cuestionar supuestos y a considerar múltiples perspectivas antes de tomar decisiones importantes.

La visión racionalizadora es una habilidad importante para los líderes que buscan tomar decisiones informadas y fomentar una cultura de innovación y mejora continua dentro de su organización. Los estudios mencionados anteriormente demuestran cómo la visión racionalizadora de los líderes puede influir en el desempeño organizacional, la cultura de seguridad y la capacidad de innovación tecnológica.

Al reflexionarse que la visión racionalizadora es aquella que busca maximizar la eficiencia y la productividad en una organización, a menudo mediante la estandarización de procesos y la reducción de costes, a continuación, se presentan algunos ejemplos de empresas que los autores consideran que tienen una visión racionalizadora:

Toyota: la empresa automotriz japonesa es conocida por su sistema de producción de Toyota (TPS), que se basa en la reducción de desperdicios, la estandarización de procesos y la mejora continua. Este enfoque ha ayudado a Toyota a maximizar la eficiencia en su producción y reducir los costes.

McDonald's: la cadena de restaurantes de comida rápida es conocida por su enfoque en la eficiencia y la estandarización de procesos. McDonald's ha desarrollado un sistema de producción en masa que permite servir alimentos rápidamente y a bajo coste.

Walmart: la cadena de tiendas minoristas es conocida por su enfoque en la eficiencia y la reducción de costes. Walmart ha desarrollado un sistema de logística altamente eficiente que permite entregar productos a las tiendas de manera rápida y a bajo coste.

Amazon: la empresa de comercio electrónico es conocida por su enfoque en la eficiencia y la optimización de procesos. Amazon ha desarrollado un sistema de logística altamente automatizado que permite entregar productos a los clientes de manera rápida y eficiente.

IBM: la empresa de tecnología es conocida por su enfoque en la eficiencia y la optimización de procesos. IBM ha desarrollado una serie de herramientas y sistemas que ayudan a las empresas a mejorar su productividad y eficiencia.

Estos son solo algunos ejemplos de empresas con una visión racionalizadora que buscan maximizar la eficiencia y la productividad a través de la estandarización de procesos y la reducción de costes.

2.3 La visión de la adaptación

De forma general, la visión de la adaptación se refiere a la capacidad de los sistemas sociales, económicos y ecológicos para adaptarse y responder a los efectos del cambio climático. Este enfoque reconoce que el cambio climático es un desafío global que requiere respuestas locales y regionales, y que la adaptación debe ser una parte integral de cualquier estrategia de mitigación.

La visión de la adaptación implica la necesidad de abordar la vulnerabilidad y la resiliencia de los sistemas socioecológicos. Esto requiere un enfoque integrado que aborde tanto la vulnerabilidad social como la ecológica, y que se centre en la construcción de sistemas resilientes que puedan adaptarse a los impactos del cambio climático.

La adaptación debe ser "proactiva" en lugar de "reactiva", y que se deben tomar medidas para anticipar y prepararse para los impactos del cambio climático antes de que ocurran. Es muy importante la planificación a largo plazo y la colaboración entre los sectores público y privado para lograr la visión de la adaptación.

La visión de la adaptación en las organizaciones se centra en la capacidad de estas para ajustarse de manera efectiva a los cambios en su entorno, lo cual es crucial para su supervivencia y éxito a largo plazo. Según Sarta, Durand y Vergne (2021), la adaptación organizacional se define como un proceso intencional de toma de decisiones por parte de los miembros de la organización, que lleva a acciones observables destinadas a reducir la distancia entre la organización y sus entornos económicos e institucionales. Estos autores destacan que la adaptación no es un proceso uniforme, sino que varía en función de múltiples factores internos y externos, y que su éxito depende de la capacidad de la organización para gestionar estos factores de manera efectiva (Sarta, Durand, & Vergne, 2021).

Además, el uso de una visión clara y orientada al futuro en la planificación de la adaptación puede facilitar la identificación de obstáculos y la implementación de soluciones efectivas. Beaulieu, dos Santos Silva y Plante (2016) sugieren que la expresión de una visión de un futuro deseado puede aumentar la motivación de los actores locales al enmarcar los problemas de adaptación en el contexto de sus aspiraciones. Este enfoque permite que las comunidades articulen planes de adaptación que están alineados con sus valores y expectativas, lo que puede resultar en una mayor cohesión y eficacia en la implementación de las estrategias de adaptación (Beaulieu, dos Santos Silva, & Plante, 2016).

Es vital la participación comunitaria en la visión de la adaptación. Las soluciones de adaptación deben ser desarrolladas en colaboración con las comunidades locales y que deben abordar las necesidades y preocupaciones específicas de cada comunidad.

La visión de adaptación está estrechamente relacionada con la gestión del cambio y el liderazgo, ya que, para adaptarse a los cambios ambientales y climáticos, las organizaciones necesitan liderazgo efectivo y una gestión del cambio adecuada.

La visión de adaptación es un factor crítico para la gestión del cambio exitoso. El estudio sugiere que los líderes de las organizaciones deben tener una visión clara y compartida de cómo se verá la organización en el futuro y cómo se adaptará a los cambios ambientales. Los líderes deben comunicar esta visión de manera efectiva y obtener el compromiso y la participación de los empleados en el proceso de cambio.

Es muy importante el liderazgo para la adaptación al cambio climático. Los autores argumentan que los líderes deben ser conscientes de los riesgos y oportunidades asociados con el cambio climático y deben ser capaces de motivar y guiar a los empleados hacia la adaptación. El liderazgo ético y la toma de decisiones justas son fundamentales para la adaptación sostenible al cambio climático.

El liderazgo transformacional puede aumentar la capacidad de las organizaciones para adaptarse al cambio climático a través del compromiso de los empleados, la creatividad y la innovación.

La visión de adaptación también es importante para el cambio organizacional, ya que las empresas y organizaciones deben ser capaces de adaptarse a los cambios ambientales y climáticos para ser sostenibles y rentables a largo plazo.

La adaptación al cambio climático requiere que las organizaciones cambien sus sistemas de producción y gestión, y que adopten prácticas más sostenibles y resilientes. Esto implica un cambio organizacional significativo, que puede ser facilitado por el liderazgo y la participación bien activa de los empleados.

Las empresas deben tener una visión clara de cómo pueden adaptarse al cambio climático y deben desarrollar estrategias y políticas para alcanzar esta visión, siendo transcendental la colaboración y el compromiso de los empleados en este proceso.

Además, la visión de adaptación también puede ser una oportunidad para las empresas de innovar y desarrollar nuevas tecnologías y soluciones sostenibles. La visión de adaptación puede motivar a las empresas a invertir en I+D y a desarrollar soluciones innovadoras para hacer frente a los desafíos del cambio climático.

Por todo lo aquí comentado, la visión de adaptación es fundamental para el cambio organizacional y puede ayudar a las empresas a ser más sostenibles y resilientes a largo plazo, así como a innovar y desarrollar soluciones nuevas y efectivas para hacer frente a los desafíos del cambio climático.

En esencia, la visión de adaptación está relacionada con la gestión del cambio y el liderazgo. Los líderes deben tener una visión clara y compartida de cómo la organización se adaptará al cambio climático, y deben ser capaces de motivar y guiar a los empleados hacia la adaptación sostenible. Además, el liderazgo transformacional puede aumentar la capacidad de las organizaciones para adaptarse al cambio climático a través del compromiso de los empleados, la creatividad y la innovación.

Algunos ejemplos de empresas que han demostrado tener una visión de adaptación y están trabajando activamente para enfrentar los desafíos del cambio climático son:

Patagonia: la empresa de ropa outdoor es conocida por su compromiso con la sostenibilidad y la protección del medio ambiente. Desde hace años, Patagonia ha estado trabajando para reducir su impacto ambiental y ha implementado una serie de medidas para reducir las emisiones de carbono en su cadena de suministro y fomentar la conservación y protección del medio ambiente.

Tesla: la compañía de automóviles eléctricos de Elon Musk ha revolucionado la industria del transporte al desarrollar vehículos eléctricos de alta calidad que ofrecen una alternativa más limpia y sostenible a los vehículos de combustión interna. Tesla también está trabajando en tecnologías de almacenamiento de energía y soluciones de generación de energía renovable.

Unilever: el gigante de los bienes de consumo está comprometido con la sostenibilidad y ha establecido objetivos ambiciosos para reducir su huella de carbono y mejorar la eficiencia energética en sus operaciones. Además, Unilever ha implementado programas para fomentar la agricultura sostenible y la conservación de recursos naturales.

IKEA: la empresa de muebles sueca ha implementado una serie de medidas para reducir su impacto ambiental, incluyendo la inversión en energía renovable y la promoción de la eficiencia energética en sus tiendas y operaciones. IKEA también ha establecido objetivos ambiciosos para la producción de materiales y productos sostenibles.

Microsoft: la empresa de tecnología está trabajando para reducir su huella de carbono y alcanzar la neutralidad de carbono en sus operaciones para 2030. Microsoft también está trabajando en tecnologías de inteligencia artificial y en la promoción de soluciones de energía renovable y sostenible.

Estos son solo algunos ejemplos de empresas que están liderando el camino en la lucha contra el cambio climático y demostrando una visión de adaptación al enfrentar los desafíos ambientales de manera proactiva y sostenible.

2.4 La visión desde la autoorganización

La visión desde la autoorganización es una perspectiva que considera que los sistemas complejos se organizan a sí mismos a partir de interacciones entre sus componentes sin la necesidad de una dirección externa. Esta visión se ha aplicado en diversas áreas, incluyendo biología, física, informática, psicología y sociología, entre otras.

La autoorganización es una característica fundamental de la vida, y que la comprensión de los procesos autoorganizados puede ayudar a explicar fenómenos biológicos complejos, siendo un fenómeno generalizado en la naturaleza.

La visión desde la autoorganización en entornos organizacionales y de manufactura ha sido clave para abordar la complejidad y dinamismo de estos sistemas. La autoorganización en la manufactura inteligente implica la capacidad de los sistemas para autogestionarse y tomar decisiones de manera autónoma bajo una infraestructura inteligente y consciente del contexto. Este enfoque no solo mejora la adaptabilidad a entornos dinámicos, sino que también contribuye a la sostenibilidad, al permitir que los recursos se adapten, reutilicen y compartan de manera eficiente.

Por otro lado, la autoorganización en proyectos de infraestructura compleja también ha demostrado ser crucial para la gestión efectiva de redes de trabajo, donde los enfoques tradicionales de gestión jerárquica pueden ser inadecuados. Pryke et al. (2018) señalan que, en proyectos de gran escala, las redes autoorganizadas, caracterizadas por la alta conectividad y la capacidad de los actores para agruparse en comunidades funcionales densas, son esenciales para el éxito del proyecto. Estos hallazgos subrayan la importancia de identificar y patrocinar funciones y roles no contractuales dentro de las redes autoorganizadas, permitiendo que estas evolucionen y se adapten de manera efectiva a las necesidades cambiantes del proyecto (Pryke et al., 2018).

En esencia, la visión desde la autoorganización es una perspectiva importante para comprender la complejidad en diversos campos, y su aplicación puede proporcionar nuevas perspectivas y soluciones en biología, física, informática, psicología, sociología y otras áreas.

La visión desde la autoorganización puede ser relevante en la gestión del cambio ya que sugiere que los sistemas complejos, como las organizaciones, pueden reorganizarse a sí mismos a partir de interacciones entre sus componentes. Esta perspectiva puede proporcionar una alternativa a las teorías tradicionales de gestión del cambio, que a menudo implican un enfoque *top-down* o de arriba hacia abajo, en el que los cambios son iniciados y controlados por líderes o gerentes.

En lugar de ello, la perspectiva de autoorganización sugiere que los cambios pueden emerger de manera natural a partir de interacciones entre los miembros de la organización y sus entornos. Esto implica una mayor atención a la forma en que los individuos interactúan y colaboran dentro de la organización, en lugar de simplemente imponer cambios desde arriba.

Además, la visión de autoorganización sugiere que las organizaciones pueden ser vistas como sistemas dinámicos en constante cambio y adaptación, lo que puede ser útil en la gestión del cambio ya que reconoce que los cambios son inevitables y pueden ser una fuente de crecimiento y evolución para la organización.

Básicamente, la perspectiva de autoorganización puede proporcionar una alternativa a las teorías tradicionales de gestión del cambio y puede ser útil al enfocarse en la manera en que los individuos interactúan y colaboran dentro de la organización, y en cómo la organización puede reorganizarse a sí misma a partir de interacciones entre sus componentes.

Por su parte, la visión desde la autoorganización sugiere que los sistemas complejos, incluyendo las organizaciones, pueden reorganizarse a sí mismos a partir de interacciones entre sus componentes sin la necesidad de una dirección externa. Desde esta perspectiva, el liderazgo puede ser visto como una actividad que emerge naturalmente a partir de las interacciones y relaciones entre los miembros de una organización.

En este sentido, el liderazgo puede ser más distribuido y emergente que jerárquico y prescriptivo. En lugar de ser ejercido por un líder formal, el liderazgo puede surgir de forma natural a partir de la influencia que ejercen diferentes miembros de la organización sobre otros.

Además, desde la perspectiva de autoorganización, el liderazgo no necesariamente se encuentra en manos de los gerentes o los líderes formales, sino que puede estar presente en cualquier miembro de la organización que ejerza influencia y tenga capacidad de influir positivamente en la dirección de la organización.

En resumen, la visión desde la autoorganización puede implicar una redefinición del liderazgo como una actividad emergente y distribuida, en la que la influencia y la capacidad de influir positivamente en la dirección de la organización pueden estar presentes en cualquier miembro de la organización. Esto puede tener implicaciones en cómo se gestiona y promueve el liderazgo dentro de la organización.

Existen varias empresas que se han inspirado en la visión de autoorganización para su forma de trabajo y organización, a continuación, se presentan algunos ejemplos:

Buurtzorg: esta empresa holandesa de atención domiciliaria de enfermería se organiza en equipos de trabajo autogestionados, en los que los profesionales de la enfermería tienen autonomía para tomar decisiones en la atención a los pacientes. La empresa ha logrado crecer de manera significativa en los últimos años y se ha expandido a otros países.

Zappos: esta empresa de venta de calzado y ropa en línea es conocida por su cultura empresarial innovadora y centrada en el empleado. La empresa ha adoptado una estructura de "holacracia", en la que se eliminan los cargos jerárquicos y se organizan en equipos autónomos que toman decisiones y resuelven problemas de manera colaborativa.

Morning Star: esta empresa estadounidense productora de tomates se rige por un modelo de "autoorganización basada en principios" que permite a los empleados tomar decisiones en equipo y en colaboración con otros departamentos, sin necesidad de jerarquías o autorizaciones previas.

Gore: esta empresa estadounidense, conocida por la invención de la tela Gore-Tex, se organiza en equipos de trabajo autónomos y altamente especializados, en los que los empleados tienen libertad para tomar decisiones y desarrollar sus propias iniciativas.

Estos son solo algunos ejemplos de empresas que han adoptado la visión desde la autoorganización como forma de trabajo y organización. Cada empresa ha desarrollado su propio enfoque y modelo, adaptado a sus necesidades y objetivos específicos.

2.5 Preguntas variadas sobre gestión del cambio

A continuación, se muestran algunas preguntas relacionadas con la gestión del cambio, con sus respectivas respuestas de forma concisa.

1. ¿Qué es la resistencia al cambio en una organización?

La tendencia de las personas a oponerse al cambio ya sea por temor al desconocido o por el deseo de mantener la estabilidad.

2. ¿Qué es la gestión del cambio?

El proceso de planificar, implementar y controlar el cambio en una organización para lograr una transición exitosa.

3. ¿Qué es el cambio incremental?

Un enfoque de cambio organizacional que implica pequeñas mejoras progresivas en lugar de un cambio radical y abrupto.

4. ¿Qué es el cambio radical?

Un enfoque de cambio organizacional que implica cambios drásticos y significativos en la estructura, cultura o procesos de una organización.

5. ¿Qué es la cultura organizacional?

El conjunto de valores, creencias y normas que comparten los miembros de una organización y que influyen en su comportamiento y decisiones.

6. ¿Qué es la comunicación en el cambio organizacional?

La estrategia para informar, involucrar y persuadir a los empleados y otras partes interesadas sobre el cambio planeado.

7. ¿Qué es el liderazgo en el cambio organizacional?

La habilidad de inspirar, guiar y motivar a los empleados y otras partes interesadas durante el proceso de cambio.

8. ¿Qué es la evaluación del cambio?

El proceso de medir los resultados y el impacto del cambio organizacional para determinar su éxito y ajustar el plan si es necesario.

9. Interprete la Figura 2, sobre la adaptación de la organización al cambio climático.

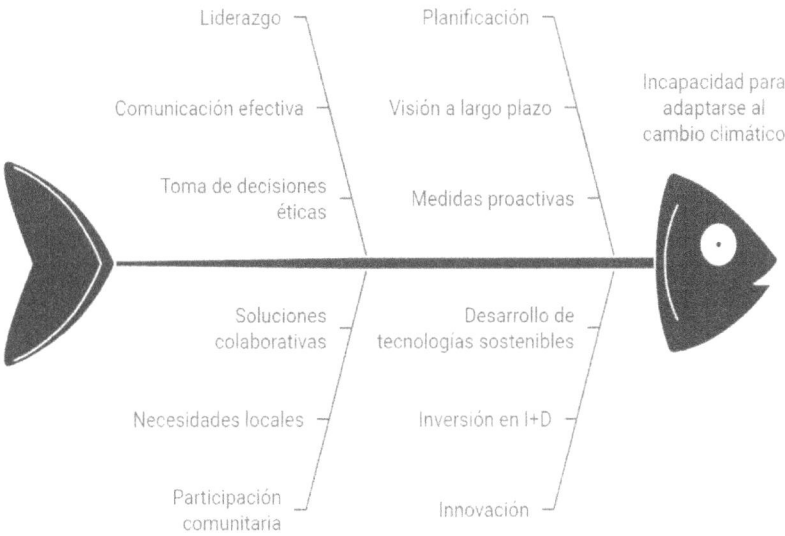

Figura 2. Adaptación de la organización al cambio climático.

La Figura 2 muestra un diagrama de espina de pescado o diagrama de Ishikawa, que identifica los factores clave para evitar la "Incapacidad para adaptarse al cambio climático" en una organización. Esta herramienta visual se utiliza para analizar causas y efectos, ayudando a comprender cómo diversos factores contribuyen al problema central.

Factores principales identificados

Liderazgo:

- Comunicación efectiva: la habilidad de comunicar objetivos y cambios claramente.

- Toma de decisiones éticas: la importancia de decisiones basadas en principios éticos en el contexto de la sostenibilidad.

Planificación:

- Visión a largo plazo: la necesidad de considerar el impacto futuro de las decisiones.

- Medidas proactivas: adoptar un enfoque preventivo y reactivo para enfrentar los desafíos climáticos.

Soluciones colaborativas:

- Necesidades locales: tener en cuenta las particularidades de las comunidades locales en las estrategias de adaptación.

- Participación comunitaria: involucrar a la comunidad en la creación de soluciones adaptativas.

Desarrollo de tecnologías sostenibles:

- Inversión en I+D: la inversión en investigación y desarrollo para innovar en tecnologías sostenibles.

- Innovación: la adopción de enfoques novedosos para hacer frente al cambio climático.

Interpretación general:

La Figura 2 sugiere que la adaptación al cambio climático requiere un enfoque integral, donde el liderazgo ético, la planificación estratégica a largo plazo, la colaboración comunitaria, y la innovación tecnológica juegan roles fundamentales. La combinación de estos factores permite a la organización estar mejor preparada para adaptarse a los cambios climáticos, evitando la parálisis ante desafíos ambientales.

10. ¿Qué es la resistencia pasiva al cambio en una organización?

Es cuando los empleados no se oponen activamente al cambio, pero no muestran entusiasmo o compromiso con el proceso de cambio.

11. ¿Qué es la resistencia activa al cambio en una organización?

Es cuando los empleados se oponen activamente al cambio y pueden tomar medidas para sabotear el proceso de cambio.

12. ¿Qué es la planificación del cambio organizacional?

Es el proceso de desarrollar un plan detallado para implementar el cambio en una organización, incluyendo la identificación de los objetivos del cambio, los recursos necesarios y los plazos.

13. ¿Qué es la capacitación en el cambio organizacional?

Es la preparación de los empleados para el cambio a través de la formación en nuevas habilidades, conocimientos y procesos necesarios para implementar el cambio con éxito.

14. ¿Qué es la gestión del riesgo en el cambio organizacional?

Es la identificación y evaluación de los riesgos potenciales asociados con el cambio y la implementación de estrategias para mitigar estos riesgos.

15. ¿Qué es la retroalimentación en el cambio organizacional?

Es el proceso de recopilar información de los empleados y otras partes interesadas sobre el proceso de cambio y utilizar esta información para ajustar el plan de cambio si es necesario.

2.6 casos de éxito de cambio organizacional

2.6.1 Caso de éxito hipotético de cambio organizacional

Imaginemos una empresa de fabricación de muebles de madera que ha estado en el mercado por más de 20 años. La empresa ha logrado un éxito modesto, pero ha comenzado a experimentar dificultades en los últimos años. La competencia ha aumentado, los precios de la materia prima se han elevado y los consumidores están demandando productos más modernos y personalizados. La empresa se da cuenta de que necesita cambiar su enfoque para seguir siendo competitiva.

Para enfrentar estos desafíos, la empresa decide realizar un cambio organizacional significativo. Comienza a investigar nuevos métodos de producción, nuevos materiales y diseños modernos para sus productos. La gerencia de la empresa se da cuenta de que necesitará una fuerza laboral más flexible y capacitada para implementar estos cambios, por lo que invierte en la formación y el desarrollo de su personal.

La empresa también decide cambiar su modelo de negocio. En lugar de simplemente fabricar muebles de madera y venderlos a través de minoristas, la empresa comienza a enfocarse en la venta directa al consumidor a través de su sitio web y las redes sociales. Se contrata a un equipo de marketing digital para crear una fuerte presencia en línea y una experiencia de compra atractiva para los clientes.

El cambio organizacional no fue fácil. La gerencia tuvo que persuadir al personal de la necesidad de los cambios, lo que implicó explicar la importancia de los mismos y capacitarlos en nuevas habilidades y procesos. La empresa también enfrentó algunos desafíos financieros, ya que se necesitó una inversión significativa para el rediseño de los productos y la creación de una nueva plataforma de venta en línea.

Sin embargo, a medida que la empresa comenzó a implementar estos cambios, los resultados comenzaron a aparecer. Los productos renovados y modernos se convirtieron en un gran éxito, y la empresa comenzó a recibir pedidos de clientes en todo el país. La presencia en línea de la empresa se fortaleció, lo que llevó a un aumento en las ventas y una mayor fidelidad de los clientes.

En general, el cambio organizacional permitió a la empresa de muebles de madera adaptarse a un mercado cambiante y competitivo. Al invertir en la formación y el desarrollo del personal, la empresa pudo implementar los cambios necesarios para producir productos de alta calidad y adaptados a las necesidades de los clientes. Además, la decisión de cambiar su modelo de negocio y enfocarse en la venta directa al consumidor demostró ser un gran éxito. El cambio organizacional permitió a la empresa mantenerse competitiva y seguir siendo relevante en un mercado en constante cambio.

2.6.2 Caso de éxito real de cambio organizacional

Un ejemplo de cambio organizacional exitoso es el de la empresa tecnológica Microsoft. En la década de 2000, Microsoft había experimentado un éxito increíble como líder en el mercado de software y sistemas operativos para computadoras personales. Sin embargo, a medida que la tecnología evolucionó, la empresa comenzó a enfrentar desafíos. El auge de los dispositivos móviles y la creciente popularidad de los sistemas operativos de código abierto como Linux amenazaron su posición en el mercado.

Para enfrentar estos desafíos, Microsoft se embarcó en un cambio organizacional significativo. La empresa se dio cuenta de que necesitaba adaptarse a un mundo en el que los dispositivos móviles estaban reemplazando las computadoras personales y los sistemas operativos de código abierto estaban ganando terreno. Por lo tanto, Microsoft decidió transformar su enfoque y adoptar un enfoque más centrado en la nube y en la movilidad.

Para lograr este cambio, Microsoft implementó una serie de medidas importantes. La empresa comenzó a invertir fuertemente en el desarrollo de una plataforma de nube y movilidad, como la adquisición de la empresa de dispositivos móviles Nokia en 2013 y la transformación de su suite de software de oficina en línea en office 365. Además, la empresa cambió su estrategia de ventas, pasando de un modelo de venta de licencias de software a un modelo de suscripción basado en la nube.

Estos cambios no fueron fáciles, y la gerencia de Microsoft tuvo que lidiar con desafíos significativos. El cambio organizacional implicó el despido de miles de empleados y la reestructuración de varios departamentos de la empresa. También tuvieron que persuadir al personal de la necesidad de los cambios y capacitarlos en nuevas habilidades y tecnologías.

Sin embargo, a medida que Microsoft comenzó a implementar estos cambios, los resultados comenzaron a aparecer. La empresa logró aumentar significativamente su presencia en la nube y en la movilidad, y ahora es un líder en el mercado de servicios en línea y aplicaciones móviles. La adopción de office 365 ha sido un gran éxito, y la empresa ha logrado retener a muchos clientes que podrían haberse ido a plataformas de software de código abierto.

En conclusión, el cambio organizacional implementado por Microsoft les permitió adaptarse a un mercado cambiante y competitivo. La empresa pudo mantenerse relevante en un mundo en el que los dispositivos móviles y la nube estaban reemplazando a las computadoras personales y a los sistemas operativos de escritorio. Al invertir en la transformación de su enfoque y en la adquisición de nuevas empresas, la empresa pudo implementar los cambios necesarios para mantener su posición de liderazgo en la industria de la tecnología.

2.6.3 Caso de éxito en el deporte de cambio organizacional

Un ejemplo de éxito en el cambio organizacional en el deporte es el equipo de baloncesto Golden State Warriors de la NBA. En la temporada 2011-2012, el equipo había terminado con un récord de 23 victorias y 43 derrotas, y su futuro parecía incierto. Sin embargo, en 2014, la gerencia del equipo tomó medidas para implementar un cambio organizacional significativo.

En primer lugar, contrataron a Steve Kerr como nuevo entrenador en jefe, quien trajo consigo una nueva filosofía y un estilo de juego más ofensivo y dinámico. También hicieron cambios en el personal de entrenamiento y en la cultura del equipo, promoviendo un enfoque en el trabajo en equipo y la camaradería. Además, contrataron nuevos jugadores que encajaban en el nuevo sistema de juego, incluyendo a Kevin Durant en 2016.

Estos cambios no fueron fáciles, y el equipo tuvo que pasar por una temporada difícil en la que Kerr luchó con lesiones y problemas de salud. Sin embargo, en la temporada 2014-2015, los Warriors lograron un récord de 67 victorias y 15 derrotas, liderados por el juego de estrellas como Stephen Curry, Klay Thompson y Draymond Green. En las temporadas siguientes, los Warriors siguieron siendo uno de los equipos más exitosos de la liga, ganando dos campeonatos de la NBA en 2015 y 2017 y estableciendo un récord de temporada regular de 73 victorias y 9 derrotas en 2016.

El éxito del cambio organizacional de los Warriors ha sido atribuido a la gerencia del equipo y su enfoque en la construcción de una cultura de equipo sólida y un estilo de juego coherente. La contratación de Steve Kerr como entrenador en jefe fue un punto de inflexión clave en el proceso de cambio, ya que su filosofía y estilo de juego dieron forma a la identidad del equipo. Además, la gerencia del equipo tuvo éxito en identificar y reclutar jugadores que encajaban en el sistema de juego y en la cultura del equipo.

En conclusión, el cambio organizacional implementado por los Golden State Warriors les permitió transformarse de un equipo mediocre a uno de los equipos más exitosos de la NBA. Al adoptar una nueva filosofía y un estilo de juego más ofensivo y dinámico, y al construir una cultura de equipo sólida y coherente, los Warriors pudieron alcanzar niveles de éxito sin precedentes en la liga. Este éxito demuestra cómo un cambio organizacional cuidadosamente planificado y ejecutado puede marcar una gran diferencia en el rendimiento y la cultura de un equipo deportivo.

2.7 Preguntas de reflexión sobre cambio organizacional

Los autores sugieren diversas preguntas de reflexión para seguir profundizando en el importante tema abordado en este capítulo.

1. ¿Cuál es el concepto de cambio organizacional y por qué es importante para las empresas?

2. ¿Qué es la visión racionalizadora y cómo se relaciona con el cambio organizacional?

3. ¿Cuál es la visión de la adaptación y cómo se aplica en el cambio organizacional?

4. ¿Cómo se relaciona la visión desde la autoorganización con el cambio organizacional?

5. ¿Por qué es importante entender las diferentes concepciones del cambio organizacional?

6. ¿Cuáles son las preguntas más importantes que debemos hacernos antes de implementar un cambio organizacional?

7. ¿Cómo podemos asegurarnos de que los empleados estén comprometidos y apoyen el proceso de cambio?

8. ¿Qué papel juega la comunicación en el proceso de cambio organizacional?

9. ¿Por qué es importante analizar casos de éxito en el cambio organizacional?

10. ¿Qué podemos aprender de los casos de éxito presentados en este capítulo y cómo podemos aplicar estos aprendizajes en nuestra propia empresa?

2.8 Resumen del capítulo

El Capítulo 2 del libro se enfoca en las diferentes concepciones del cambio organizacional. En primer lugar, se presenta el concepto de cambio organizacional y su importancia para las empresas. A continuación, se exploran tres visiones diferentes del cambio organizacional: la visión racionalizadora, la visión de la adaptación y la visión desde la autoorganización. Se analiza cómo cada una de estas visiones aborda el cambio organizacional y cuáles son sus fortalezas y debilidades.

El capítulo también incluye una sección de preguntas variadas sobre gestión del cambio, que ofrece una guía para aquellos que buscan implementar un cambio organizacional en su empresa. Además, se presentan tres casos de éxito de cambio organizacional: un caso hipotético, un caso real y un caso en el deporte. Estos casos ilustran cómo diferentes empresas han abordado con éxito el proceso de cambio organizacional. Finalmente, se concluye con preguntas de reflexión y un resumen de los puntos clave presentados en el capítulo.

En resumen, este capítulo es una guía exhaustiva para aquellos que buscan entender las diferentes concepciones del cambio organizacional y cómo aplicarlas en su propia empresa. Con un enfoque académico y profesional, este capítulo busca motivar al lector a aplicar estos conceptos en su propia vida profesional y empresarial.

Capítulo 3. Innovación y Disrupción en las Organizaciones

El **objetivo de este capítulo** es caracterizar la innovación y disrupción en las organizaciones.

El término "innovación" ha sido utilizado por muchos autores y académicos a lo largo de la historia, y no existe un creador específico del término. Sin embargo, el economista austriaco Joseph Schumpeter es ampliamente reconocido como uno de los teóricos más influyentes en el estudio de la innovación y su papel en el desarrollo económico.

En su libro "Capitalismo, socialismo y democracia" (1942), Schumpeter argumentó que la innovación es el motor del crecimiento económico y la destrucción creativa. Él creía que las empresas y los emprendedores que introducen nuevos productos, servicios y tecnologías son los principales impulsores del cambio económico y la creación de riqueza a largo plazo.

Desde entonces, el término "innovación" ha sido ampliamente utilizado en la literatura académica y empresarial para referirse a la creación y aplicación de nuevas ideas y tecnologías. La innovación se ha convertido en un tema importante en la gestión empresarial y la política económica, y su estudio continúa siendo un área de interés para los académicos y los profesionales en todo el mundo.

3.1 Conceptos de innovación

La innovación se puede definir como la creación, desarrollo y aplicación de nuevas ideas, productos, servicios o procesos que tienen un impacto positivo en la sociedad y en el mercado. Es un elemento clave para el crecimiento económico y el progreso social, ya que permite a las empresas y organizaciones mejorar su eficiencia, competitividad y capacidad de adaptación a los cambios del entorno.

Los conceptos de innovación han sido objeto de múltiples enfoques teóricos y prácticos en las últimas décadas. Según Granstrand y Holgersson (2020), la innovación puede ser entendida como un ecosistema en evolución compuesto por actores, actividades y artefactos, así como por las instituciones y relaciones, tanto complementarias como sustitutivas, que son cruciales para el desempeño innovador de una organización o un conjunto de organizaciones. Esta definición amplía la visión tradicional de la innovación, integrando no solo la colaboración y complementariedad, sino también la competencia y sustitución dentro del ecosistema de la innovación (Granstrand & Holgersson, 2020).

Por otro lado, Panfil (2023) aborda la innovación como un proceso inherente a la actividad humana, que se caracteriza por su naturaleza creativa y por la relación causa-efecto que lo define. En su estudio, Panfil destaca que la innovación no solo se refiere a la creación de nuevos productos o procesos, sino que también abarca la implementación y difusión de estos dentro de un sistema de innovación más amplio. Este enfoque subraya la importancia de la creatividad humana como motor de la innovación y la necesidad de comprender el proceso de innovación en su totalidad para promover un desarrollo sostenible y efectivo dentro de las organizaciones (Panfil, 2023).

La innovación puede ser impulsada por diferentes factores, como la competencia, las necesidades del mercado, las oportunidades tecnológicas, la colaboración y el aprendizaje organizacional. La competencia y las necesidades del mercado pueden impulsar la innovación al obligar a las empresas a mejorar su oferta de productos y servicios. Las oportunidades tecnológicas pueden impulsar la innovación al permitir a las empresas crear nuevos productos y servicios con tecnologías avanzadas. La colaboración y el aprendizaje organizacional pueden impulsar la innovación al permitir a las empresas trabajar juntas y aprender unas de otras para mejorar su capacidad de innovación.

Puede afirmarse que la innovación es un elemento clave para el crecimiento y el progreso social, y puede ser impulsada por diferentes factores y en diferentes tipos. Para las empresas y organizaciones, la innovación puede ser una fuente de ventaja competitiva y éxito a largo plazo.

Hay muchas empresas innovadoras en todo el mundo que han sido pioneras en la creación de nuevos productos, servicios o tecnologías, y han logrado un gran éxito en el mercado.

A continuación, se presentan algunos ejemplos de empresas innovadoras en diferentes áreas:

Apple: es una empresa estadounidense de tecnología que ha sido pionera en la creación de productos como el iPod, iPhone y iPad, así como en la popularización de la tecnología de pantalla táctil y la creación de su propio ecosistema de software y servicios.

Tesla: es una empresa estadounidense de vehículos eléctricos que ha revolucionado la industria del automóvil con sus diseños innovadores y su tecnología avanzada de baterías y conducción autónoma.

Amazon: es una empresa estadounidense de comercio electrónico que ha revolucionado la forma en que compramos y vendemos productos en línea, con su enfoque en la comodidad del cliente y la entrega rápida.

Netflix: es una empresa estadounidense de *streaming* de video que ha cambiado la forma en que consumimos contenido de entretenimiento en línea, con su biblioteca de contenido original y su modelo de suscripción mensual.

Airbnb: es una empresa estadounidense de alquiler de alojamiento que ha revolucionado la forma en que las personas viajan y encuentran alojamiento en todo el mundo, con su plataforma en línea que conecta a los huéspedes con los anfitriones locales.

Estos son solo algunos ejemplos de empresas innovadoras en diferentes áreas, pero hay muchas más en todo el mundo que están liderando el camino en la creación de nuevos productos, servicios y tecnologías.

Por otra parte, hay muchos empresarios y emprendedores innovadores en todo el mundo que han creado empresas exitosas a través de la implementación de ideas y tecnologías innovadoras.

A continuación, se presentan algunos ejemplos de empresarios y emprendedores innovadores en diferentes áreas:

Elon Musk: es un empresario sudafricano-estadounidense que ha cofundado y liderado varias empresas innovadoras, incluyendo Tesla, SpaceX, Neuralink y The Boring Company. Musk es conocido por su visión audaz y su compromiso con la innovación en áreas como la energía limpia, la exploración espacial y la tecnología de transporte de alta velocidad.

Jack Ma: es un empresario chino y fundador de Alibaba Group, una empresa líder en comercio electrónico y tecnología en China. Ma ha sido un defensor de la innovación empresarial y ha promovido el espíritu emprendedor a través de iniciativas como el concurso anual de talentos empresariales de Alibaba.

Jeff Bezos: es un empresario estadounidense y fundador de Amazon, una de las empresas más innovadoras y exitosas en el mundo del comercio electrónico. Bezos es conocido por su enfoque en la satisfacción del cliente y la experimentación constante con nuevas ideas y tecnologías.

Sara Blakely: es una emprendedora estadounidense y fundadora de Spanx, una empresa innovadora que ha creado una amplia gama de productos de control de la figura para mujeres. Blakely es conocida por su enfoque en la resolución de problemas y la creación de productos útiles y efectivos para las mujeres.

Mark Zuckerberg: es un empresario estadounidense y fundador de Facebook, una de las redes sociales más grandes e influyentes del mundo. Zuckerberg ha sido un pionero en la tecnología de redes sociales y ha liderado la empresa en la experimentación constante con nuevas ideas y características para mantenerse relevante y atractiva para sus usuarios.

Estos son solo algunos ejemplos de recientes y reconocidos empresarios y emprendedores innovadores en diferentes áreas, pero hay muchos más en todo el mundo que han creado empresas exitosas a través de la implementación de ideas y tecnologías innovadoras.

Pero la innovación no solo existe en el siglo XXI, por lo que resulta de interés presentar algunos ejemplos relevantes de empresas, empresarios y emprendedores innovadores anteriores al actual siglo:

Thomas Edison: fue un inventor y empresario estadounidense que es conocido por su trabajo en la creación de la bombilla eléctrica, el fonógrafo y muchos otros dispositivos eléctricos. Edison fundó la *Edison Electric Light Company* en 1878, que se convirtió en la compañía eléctrica más grande de los Estados Unidos.

Henry Ford: fue un empresario estadounidense que fundó la *Ford Motor Company* en 1903 y revolucionó la industria del automóvil con su modelo T, que se produjo en masa y se convirtió en el primer automóvil asequible para la clase media.

Levi Strauss: fue un empresario estadounidense de origen alemán que fundó la compañía *Levi Strauss & Co.* en 1853 y creó los pantalones vaqueros, que se convirtieron en una prenda de vestir icónica en todo el mundo.

John D. Rockefeller: fue un empresario estadounidense que fundó la *Standard Oil Company* en 1870 y se convirtió en uno de los hombres más ricos y poderosos del mundo. Rockefeller fue pionero en la industria petrolera y estableció un monopolio en la producción, refinación y distribución de petróleo en los Estados Unidos.

Alexander Graham Bell: fue un inventor y empresario escocés-canadiense-estadounidense que es conocido por su trabajo en la invención del teléfono. Bell fundó la compañía *Bell Telephone Company* en 1877, que se convirtió en una de las empresas de telecomunicaciones más grandes del mundo.

También debe reconocerse que, a lo largo de la historia, ha habido muchas mujeres innovadoras que han hecho importantes contribuciones en una variedad de campos. A continuación, se relacionan algunos ejemplos de mujeres innovadoras notables:

Ada Lovelace: fue una matemática y escritora británica que es conocida por su trabajo en el diseño de la máquina analítica, un precursor de la computadora moderna. Lovelace es considerada por muchos como la primera programadora de computadoras.

Marie Curie: fue una física y química polaca-francesa que es conocida por su trabajo en la radiactividad y el descubrimiento de los elementos radio y polonio. Curie fue la primera mujer en ganar un Premio Nobel y la primera persona en ganar dos Premios Nobel en diferentes campos científicos.

Grace Hopper: fue una informática estadounidense que es conocida por su trabajo en la programación de computadoras y el desarrollo del primer compilador, un programa que traduce el lenguaje de programación a lenguaje de máquina. Hopper es considerada una pionera en la programación de computadoras y ha sido reconocida con numerosos premios y honores.

Rosalind Franklin: fue una química y cristalógrafa británica que es conocida por su trabajo en la cristalografía de rayos X y el descubrimiento de la estructura del ADN. Franklin hizo importantes contribuciones a la comprensión de la estructura del ADN, aunque no recibió el reconocimiento que merecía en su vida.

Stephanie Kwolek: fue una química estadounidense que es conocida por su invención del kevlar, un material sintético resistente utilizado en chalecos antibalas, neumáticos y otros productos. Kwolek recibió numerosos premios y honores por su trabajo en el desarrollo del kevlar.

3.1.1 Disrupción en las organizaciones

El término "disrupción" en el contexto de la innovación fue popularizado por el académico y escritor Clayton M. Christensen en su libro de 1997, *"The Innovator's Dilemma"*. En este libro, Christensen describe cómo las empresas pueden fracasar al ignorar nuevas tecnologías y modelos de negocio que pueden ser inicialmente menos atractivos para sus clientes principales pero que eventualmente pueden transformar una industria entera.

Christensen argumenta que las empresas líderes en una industria a menudo se centran en mejorar sus productos y servicios existentes para satisfacer las necesidades de sus clientes más exigentes, mientras que las nuevas empresas emergentes utilizan tecnologías y modelos de negocio más disruptivos para abordar las necesidades de los clientes menos exigentes o no atendidos. Con el tiempo, estas nuevas tecnologías y modelos de negocio pueden mejorar lo suficiente como para superar a las empresas líderes y transformar la industria.

Desde entonces, el concepto de disrupción ha sido ampliamente utilizado en el mundo empresarial y ha sido objeto de numerosos estudios y análisis en el campo de la innovación y la estrategia empresarial.

Básicamente, la disrupción se refiere a un cambio radical o interrupción en una industria o mercado, generalmente impulsado por la innovación tecnológica o un modelo de negocio innovador.

La disrupción puede cambiar drásticamente la forma en que se hacen las cosas y transformar la forma en que los consumidores interactúan con productos y servicios.

La disrupción puede ser tanto positiva como negativa. Por un lado, la disrupción puede crear nuevas oportunidades de negocio, mejorar la eficiencia y reducir los costes. Por otro lado, puede hacer que empresas y modelos de negocio tradicionales se vuelvan obsoletos, perdiendo su posición en el mercado.

Un ejemplo de disrupción es el surgimiento de Uber y otras aplicaciones de transporte, que han cambiado la forma en que las personas se mueven en las ciudades y han desafiado a la industria del taxi tradicional. Otro ejemplo es el impacto de la tecnología *blockchain* (cadena de bloques) en la industria financiera, que ha abierto nuevas posibilidades en áreas como los pagos y la gestión de identidad.

Esencialmente, la disrupción es un cambio radical en una industria o mercado que puede transformar la forma en que se hacen las cosas y afectar tanto a las empresas como a los consumidores.

3.2 Tipos de innovación

Los tipos de innovación han sido clasificados de diversas maneras dependiendo de su impacto, origen y área de aplicación. Según Romanowski (2021), una de las clasificaciones más tradicionales de la innovación, propuesta por Schumpeter, incluye innovaciones de producto, proceso, organizacionales y de marketing. Estas categorías han sido fundamentales para entender cómo las empresas pueden implementar nuevas ideas y tecnologías en diferentes aspectos de sus operaciones. Romanowski también señala que las innovaciones de configuración, que se enfocan en la reestructuración interna de una empresa, y las innovaciones orientadas a la experiencia del cliente, han ganado relevancia en la economía contemporánea, destacando la necesidad de que las empresas no solo mejoren sus productos, sino también la forma en que se relacionan con sus clientes (Romanowski, 2021).

Por otro lado, Degler et al. (2021) exploran las innovaciones sostenibles, un tipo específico de innovación que se enfoca en el impacto social, ambiental y económico. Estas innovaciones son fundamentales para alcanzar los Objetivos de Desarrollo Sostenible y se dividen en varias subcategorías, incluyendo innovaciones verdes, eco-innovaciones y innovaciones tecnológicas con impacto ambiental. Los autores argumentan que, para que estas innovaciones sean efectivas, es crucial que los investigadores y los responsables políticos distingan claramente entre los diferentes tipos de innovaciones sostenibles, lo que permite una mejor aplicación y mayor impacto en la sociedad (Degler et al., 2021).

En esencia, la innovación se puede clasificar en cuatro tipos diferentes, como la innovación tecnológica, la innovación de producto, la innovación de proceso y la innovación organizacional. En síntesis, esta clasificación se refiere a:

1. Innovación tecnológica: se enfoca en la creación de nuevas tecnologías o la mejora de las existentes.

Hay muchos ejemplos de innovaciones tecnológicas que han transformado la forma en que se vive, trabaja y se relacionan los seres humanos. A continuación, se presentan algunos ejemplos notables de innovación tecnológica:

Internet: el surgimiento de la red de redes en la década de 1990 ha cambiado profundamente la forma en que interactuamos y nos comunicamos, y ha transformado los negocios, la educación y otros aspectos de la sociedad.

Smartphones: la aparición de los teléfonos inteligentes ha permitido a las personas llevar computadoras en el bolsillo y ha transformado la forma en que nos comunicamos, trabajamos y nos entretenemos.

Inteligencia artificial: los avances en la inteligencia artificial están permitiendo a las máquinas aprender y tomar decisiones como los seres humanos, lo que tiene implicaciones importantes para la automatización de procesos empresariales, la atención médica y otros campos.

Impresión 3D: la tecnología de impresión 3D permite la fabricación de objetos a partir de diseños digitales, lo que está transformando la fabricación y la producción de bienes.

Vehículos autónomos: los avances en la tecnología de vehículos autónomos están permitiendo la creación de vehículos sin conductor, lo que tiene implicaciones importantes para el transporte y la logística.

Estos son solo algunos ejemplos de innovaciones tecnológicas que están transformando la forma en que vivimos y trabajamos. Hay muchas otras tecnologías emergentes que tienen el potencial de cambiar el mundo en los próximos años.

2. Innovación de producto: se refiere al desarrollo de nuevos productos o la mejora de los existentes.

A continuación, se relacionan algunos ejemplos notables de innovación de producto:

iPhone: el lanzamiento del *iPhone* en 2007 revolucionó la industria de los teléfonos inteligentes al combinar un teléfono, un reproductor de música y una computadora en un solo dispositivo.

Coca-Cola Zero: la creación de *Coca-Cola Zero* en 2005 fue una innovación de producto importante para la empresa, ya que ofrecía una alternativa sin calorías a su producto principal.

Airbnb: la plataforma de alojamiento Airbnb fue una innovación de producto importante en la industria hotelera, permitiendo a los viajeros alojarse en casas y apartamentos privados en lugar de hoteles tradicionales.

Tesla Model S: el lanzamiento del *Tesla Model S* en 2012 fue una innovación de producto importante en la industria de los vehículos eléctricos, ofreciendo un diseño elegante y una gran autonomía de batería.

Amazon Kindle: la creación del Kindle en 2007 revolucionó la industria editorial al permitir a los usuarios leer libros electrónicos en un dispositivo portátil y fácil de usar.

Estos son solo algunos ejemplos de innovación de producto que han tenido un impacto significativo en sus respectivas industrias. La innovación de producto es una parte importante de la estrategia de muchas empresas para mantenerse competitivas y satisfacer las necesidades de los clientes en constante evolución.

3. Innovación de proceso: se centra en la mejora de los procesos productivos para aumentar la eficiencia y reducir costes.

A continuación, se relacionan alguno s ejemplos notables de innovación de proceso:

Producción en masa: la introducción de la producción en masa por Henry Ford en la línea de montaje de la fábrica de automóviles en la década de 1910 revolucionó la industria manufacturera al permitir la producción rápida y eficiente de bienes en grandes cantidades.

Lean Manufacturing: el método de producción *Lean Manufacturing*, introducido por Toyota en la década de 1930, es un enfoque de producción que se centra en reducir el desperdicio y mejorar la eficiencia en cada etapa del proceso.

Six Sigma: la metodología *Six Sigma*, introducida por Motorola en la década de 1980, se enfoca en mejorar la calidad de los productos y procesos de producción al reducir la variabilidad y los defectos en los procesos.

Automatización de procesos: la automatización de procesos, utilizando tecnologías como robots y software, ha transformado la forma en que las empresas producen y entregan bienes y servicios.

Tecnología de la nube: la tecnología de la nube ha permitido a las empresas acceder a recursos informáticos y de almacenamiento en línea, lo que ha mejorado la eficiencia y la colaboración en los procesos empresariales.

Estos son solo algunos ejemplos de innovación de proceso que han tenido un impacto significativo en la eficiencia y eficacia de las empresas. La innovación de proceso es una parte importante de la estrategia de muchas empresas para mejorar sus procesos y mantenerse competitivas.

4. Innovación organizacional: se enfoca en la mejora de la estructura y cultura organizacional para aumentar la eficacia y la capacidad de innovación.

Considerando que la innovación organizacional se refiere a cambios significativos en la estructura, cultura o procesos internos de una empresa para mejorar su eficiencia y efectividad, a continuación, se presentan algunos ejemplos notables de innovación organizacional:

Google: la empresa Google es conocida por su cultura innovadora, que incluye políticas como el tiempo libre para proyectos personales y la creación de un ambiente de trabajo creativo y colaborativo.

Zappos: la empresa minorista en línea Zappos es conocida por su cultura centrada en el cliente y sus innovadores procesos de atención al cliente, incluyendo el envío gratuito y la política de devolución gratuita.

Spotify: la empresa de *streaming* de música Spotify es conocida por su enfoque innovador en la organización del trabajo, que incluye equipos autónomos y la filosofía *Agile*.

W.L. Gore & Associates: la empresa de materiales y productos electrónicos W.L. Gore & Associates es conocida por su estructura organizacional plana y descentralizada, lo que permite a los empleados tomar decisiones y participar en la innovación de productos y procesos.

Amazon: la empresa minorista en línea Amazon es conocida por su enfoque innovador en la logística y el cumplimiento de pedidos, incluyendo el uso de robots en sus centros de cumplimiento y la entrega con drones.

Estos son solo algunos ejemplos de innovación organizacional que han tenido un impacto significativo en la eficiencia y efectividad de las empresas. La innovación organizacional es una parte importante de la estrategia de muchas empresas para mejorar su estructura y cultura internas y mantenerse competitivas en un entorno empresarial en constante cambio.

Una empresa puede ser innovadora en varios **tipos de innovación simultáneamente**. De hecho, muchas empresas exitosas utilizan una estrategia de innovación diversificada, donde buscan innovar en diferentes áreas de su negocio al mismo tiempo. Por ejemplo, una empresa puede innovar en la creación de nuevos productos y servicios, al mismo tiempo que mejora sus procesos de producción para ser más eficiente y efectiva en la entrega de estos productos y servicios.

Es importante destacar que la capacidad de una empresa para ser innovadora en diferentes áreas puede depender de varios factores, como su cultura organizacional, recursos disponibles, habilidades y conocimientos internos, y la disponibilidad de tecnología y recursos externos. Por lo tanto, la capacidad de una empresa para ser innovadora en diferentes áreas puede variar y puede requerir diferentes enfoques y estrategias.

A continuación, se muestran algunos ejemplos de empresas que han logrado innovaciones en varios tipos de innovación simultáneamente:

Tesla: la empresa de vehículos eléctricos ha logrado innovaciones tanto en la tecnología de sus baterías como en el diseño y funcionalidad de sus vehículos. Además, ha innovado en sus procesos de fabricación, utilizando la automatización y la robótica para mejorar la eficiencia y reducir los costes de producción.

Apple: la empresa de tecnología ha innovado en múltiples tipos de innovación, como la innovación de producto con sus dispositivos móviles, la innovación de proceso con su cadena de suministro global y la innovación organizacional con su cultura empresarial y de liderazgo.

Amazon: la empresa de comercio electrónico ha innovado en la creación de nuevos productos y servicios, como su plataforma de *streaming* de video y sus dispositivos de asistente virtual. Al mismo tiempo, ha innovado en sus procesos de entrega y logística, utilizando tecnología avanzada como drones y robots para acelerar el proceso de entrega y mejorar la experiencia del cliente.

Nestlé: la empresa de alimentos y bebidas ha logrado innovaciones en múltiples tipos de innovación, como la innovación de producto con el lanzamiento de nuevos productos y líneas de productos, la innovación de proceso con su cadena de suministro y la innovación organizacional con su cultura empresarial y de liderazgo.

Google: la empresa de tecnología ha innovado en múltiples tipos de innovación, como la innovación de producto con sus productos de búsqueda y publicidad en línea, la innovación de proceso con su gestión de datos y algoritmos y la innovación organizacional con su cultura empresarial y de liderazgo.

Estos son solo algunos ejemplos de empresas que han logrado innovaciones en varios tipos de innovación simultáneamente. Estas empresas han demostrado que la innovación diversificada puede ser una estrategia efectiva para mantenerse competitivos y líderes en su mercado.

3.3 Retos y perspectivas de la innovación

La innovación es un aspecto crítico para el desarrollo de las empresas, la economía y la sociedad en general. En los últimos años, la innovación ha sido objeto de numerosos estudios y análisis, destacándose los retos y perspectivas que se presentan en este ámbito. A continuación, se presentan algunos argumentos que apuntan a los desafíos y oportunidades que enfrenta la innovación.

En primer lugar, se puede destacar la importancia de la colaboración en la innovación. La colaboración entre empresas, universidades y otras organizaciones es fundamental para el desarrollo de la innovación en diferentes sectores. Además, la colaboración permite el intercambio de conocimientos y experiencias, lo que puede llevar a soluciones innovadoras y sostenibles.

Por otro lado, la digitalización y la tecnología son elementos clave en la innovación. La transformación digital ha permitido la aparición de nuevas formas de trabajo, de producción y de consumo. Es muy importante la innovación tecnológica para el crecimiento económico y la competitividad de las empresas. Sin embargo, la digitalización y la tecnología presentan desafíos importantes, como la brecha digital y la necesidad de una educación y formación continua para adaptarse a los cambios.

Otro aspecto que se puede destacar es la importancia de la sostenibilidad en la innovación. La innovación sostenible se enfoca en el desarrollo de soluciones que sean respetuosas con el medio ambiente y socialmente responsables. La innovación sostenible puede ser una fuente de ventaja competitiva y de crecimiento económico, especialmente en sectores como la energía, el transporte y la construcción. Sin embargo, la innovación sostenible también presenta desafíos importantes, como la necesidad de financiamiento y la falta de incentivos para las empresas.

Los retos de la innovación en la actualidad son múltiples y se encuentran profundamente entrelazados con la complejidad y la rapidez del cambio en los mercados globales. Según Pigola et al. (2021), uno de los principales desafíos es la necesidad de equilibrar la explotación de conocimientos y procesos existentes con la exploración de nuevas ideas y tecnologías. Esto requiere una combinación de recursos actuales con la búsqueda de innovaciones disruptivas, lo cual puede ser complicado en entornos donde la resistencia al cambio y la inercia organizacional están presentes. Además, la innovación no solo depende de la tecnología disponible, sino también de la capacidad de las organizaciones para generar un ambiente de cooperación y buena voluntad que fomente el conocimiento aplicado y la creatividad (Pigola et al., 2021).

Por otro lado, Pless et al. (2021) destacan la importancia de la innovación social y su relación con el liderazgo empresarial. En su investigación, argumentan que los líderes responsables con una alta motivación social y una perspectiva de liderazgo centrada en los grupos de interés son más propensos a desarrollar innovaciones que aborden los problemas sociales de manera sustancial. Este tipo de innovación es crucial para enfrentar los desafíos globales actuales, ya que busca soluciones que no solo resuelvan los problemas de manera superficial, sino que ataquen sus raíces. Sin embargo, implementar estas innovaciones presenta desafíos significativos, como la necesidad de crear una cultura organizacional que apoye estos objetivos y la alineación de los intereses de los diferentes actores involucrados (Pless et al., 2021).

En conclusión, la innovación presenta retos y oportunidades importantes en diferentes ámbitos, como la colaboración, la tecnología y la sostenibilidad. Es fundamental que las empresas, las instituciones y los gobiernos trabajen juntos para fomentar la innovación y desarrollar soluciones sostenibles que permitan un crecimiento económico y socialmente responsable.

3.4 La innovación de los países

La innovación es un motor crucial para el crecimiento económico y la competitividad global de los países. Según Ugolkova, Reverenda y Lisovych (2021), la capacidad de un país para innovar es un indicador clave de su potencial económico y su capacidad para responder a tendencias globales, avances tecnológicos y riesgos. En su estudio, se destaca que los países europeos han sido líderes en la implementación de innovaciones, aunque en los últimos años, países de Asia y América del Norte han ganado protagonismo como centros mundiales de innovación. Esta tendencia refleja un desplazamiento geográfico en el liderazgo de la innovación, impulsado por políticas gubernamentales que apoyan la digitalización y el desarrollo sostenible, incluso durante crisis globales como la pandemia de COVID-19 (Ugolkova, Reverenda, & Lisovych, 2021).

Por otro lado, Lema, Kraemer-Mbula y Rakas (2021) examinan el desarrollo de la innovación en los países en desarrollo, resaltando que, aunque ha habido un aumento significativo en la investigación sobre innovación en economías emergentes, los países de bajos ingresos siguen estando subrepresentados en la literatura. Estos autores argumentan que, a pesar del creciente enfoque en China y otras economías emergentes, es necesario desarrollar teorías más fundamentadas que reflejen las realidades de los países en desarrollo. Esto permitiría una mejor formulación de políticas que promuevan el cambio social y el desarrollo sostenible en estas regiones, integrando enfoques interdisciplinarios y colaborativos que aborden sectores clave como la agricultura, la energía y la salud (Lema, Kraemer-Mbula, & Rakas, 2021).

Existen varios estudios que miden el nivel de innovación de los países del mundo, utilizando diferentes indicadores como el gasto en investigación y desarrollo, el número de patentes registradas, la educación y el capital humano, entre otros. A continuación, se presentan algunos ejemplos que identifican los países más innovadores del mundo según diferentes estudios:

1. Índice Global de Innovación (GII): este índice es elaborado por la Universidad de Cornell, INSEAD y la Organización Mundial de la Propiedad Intelectual (OMPI). En su edición de 2021, los cinco países más innovadores del mundo según el GII son (Dutta, Lanvin, & Wunsch-Vincent, 2021): Suiza; Suecia; Estados Unidos; Reino Unido; y Países Bajos.

El GII es una herramienta fundamental para evaluar y comparar la capacidad innovadora de diferentes países, proporcionando una visión detallada de sus fortalezas y debilidades en diversos aspectos de la innovación. Según Oturakci (2021), el GII revela el rendimiento integral de la innovación en los países, ayudando a las economías en desarrollo a mantenerse al día con las tecnologías. Este índice se compone de subíndices de entrada y salida de innovación, donde factores como la investigación y el capital humano, junto con el desarrollo empresarial, desempeñan un papel crucial. Además, se ha demostrado que existe una correlación significativa entre el nivel de ingresos de los países y sus factores explicativos en el índice, lo que subraya la importancia de políticas económicas que favorezcan la innovación para mejorar el rendimiento en este índice (Oturakci, 2021).

Además, el GII ha sido utilizado para analizar patrones específicos de innovación en diferentes regiones, como el estudio realizado por Cui et al. (2020), que implementa una metodología basada en redes neuronales artificiales para reevaluar el índice. Este enfoque innovador permite una estimación más precisa del GII al considerar la interrelación entre los factores internos de cada país, facilitando un monitoreo más eficiente de la capacidad innovadora en tiempo real. Los resultados de su investigación sugieren que, al utilizar solo un conjunto reducido de indicadores seleccionados del GII, es posible calcular de manera efectiva los puntajes aproximados de los países, proporcionando así una herramienta valiosa para que los países ajusten sus políticas de innovación basándose en datos más específicos y contextuales (Cui et al., 2020).

2. Índice de Innovación Bloomberg: este índice se basa en siete factores, entre ellos la productividad, la educación y el gasto en I+D. En su edición de 2020, los cinco países más innovadores del mundo según el Índice de Innovación Bloomberg son (Bloomberg, 2020): Corea del Sur; Alemania; Finlandia; Suiza; e Israel.

El Índice de Innovación Bloomberg es una herramienta clave para evaluar la capacidad de innovación de las economías a nivel mundial. Este índice considera una variedad de factores, incluyendo la intensidad de la investigación y desarrollo (I+D), la concentración de empresas de alta tecnología, y la productividad de las patentes. Según Roukanas (2021), el índice Bloomberg no solo mide la innovación en términos de producción tecnológica, sino que también toma en cuenta la eficiencia con la que los países convierten la inversión en innovación en productos y servicios concretos. Esto ha permitido a economías emergentes y desarrolladas identificar áreas críticas de mejora y dirigir sus políticas públicas hacia el fortalecimiento de su capacidad innovadora (Roukanas, 2021).

En el contexto de los desafíos económicos globales, el Índice de Innovación Bloomberg ha revelado que la innovación sigue siendo un motor crucial para la competitividad, especialmente en tiempos de crisis. Zaiats (2020) destaca que el análisis de Ucrania en el Índice Bloomberg identificó una disminución en la producción de bienes de alta tecnología y en la productividad laboral, lo que subraya la importancia de una intervención estatal más directa para estimular la innovación. Además, la investigación indica que, en contextos de crisis económica, los métodos de regulación directa pueden ser más efectivos para reactivar la innovación y superar los desafíos estructurales que impiden el progreso tecnológico (Zaiats, 2020).

3. **Índice de Competitividad Global (GCI):** Este índice es elaborado por el Foro Económico Mundial y mide la competitividad de los países en diferentes áreas, incluyendo la innovación. En su edición de 2019, los cinco países más innovadores del mundo según el GCI son (Foro Económico Mundial, 2019): Estados Unidos; Alemania; Suiza; Japón; y Países Bajos.

En resumen, los países más innovadores del mundo varían según el estudio y los indicadores utilizados. Sin embargo, algunos países como Suiza, Alemania, Estados Unidos y Países Bajos aparecen con frecuencia en las listas de los países más innovadores del mundo.

3.5 Medición de la innovación

La medición de la innovación empresarial es un tema de gran interés en la literatura científica actual. Los indicadores más utilizados para medir la innovación empresarial son la inversión en investigación y desarrollo, el número de patentes registradas, el número de productos nuevos lanzados al mercado y el gasto en publicidad y promoción. Además, se ha propuesto el uso de indicadores cualitativos, como el grado de satisfacción del cliente y la percepción de los empleados sobre el clima de innovación en la empresa.

Por otro lado, la medición de la innovación empresarial debe ser multidimensional, teniendo en cuenta tanto los resultados financieros como los no financieros. En este sentido, se propone el uso de un conjunto de indicadores que incluyen la rentabilidad, el crecimiento de las ventas, la satisfacción del cliente, la calidad de los productos y servicios, la eficiencia operativa y la capacidad de adaptación al cambio.

Además, se ha propuesto el uso de técnicas estadísticas para medir la innovación empresarial. El uso de técnicas estadísticas para medir la innovación empresarial es esencial para evaluar y mejorar la capacidad de las empresas para innovar en un entorno competitivo. Según Kuznetsova y Fridlyanova (2020), el desarrollo de metodologías estadísticas avanzadas ha permitido una mejor comprensión de la actividad innovadora a través de la adaptación de estándares internacionales a las prácticas locales.

Estas metodologías incluyen la creación de nuevas bases de datos que permiten comparar innovaciones a nivel internacional y predecir el desarrollo futuro del sector innovador. Las técnicas estadísticas utilizadas para medir la innovación, como el análisis de componentes principales, ayudan a identificar las principales variables que influyen en el éxito de las innovaciones y permiten a las empresas tomar decisiones informadas sobre su estrategia de innovación (Kuznetsova & Fridlyanova, 2020).

Janošková y Král (2021) exploran cómo la medición de la innovación ha evolucionado con el tiempo, utilizando análisis bibliométricos para rastrear los métodos empleados en la literatura científica desde 1968 hasta 2021. Su revisión destaca que, aunque existen varias métricas para evaluar la innovación, la falta de consenso sobre los métodos más efectivos sigue siendo un obstáculo. La diversidad de enfoques refleja las diferentes necesidades y contextos de las organizaciones, lo que sugiere que las métricas deben ser adaptadas a las características específicas de cada empresa para maximizar su utilidad (Janošková & Král, 2021).

En conclusión, la medición de la innovación empresarial es un tema complejo que requiere la consideración de múltiples factores y el uso de diferentes técnicas. Los indicadores más utilizados incluyen la inversión en investigación y desarrollo, el número de patentes registradas, el número de productos nuevos lanzados al mercado y el gasto en publicidad y promoción. Sin embargo, se ha propuesto el uso de indicadores cualitativos y técnicas estadísticas para medir la innovación empresarial de manera más precisa y completa.

Existen varios cuestionarios para medir la innovación en una empresa, pero uno de los más utilizados y considerado como paradigma es el Manual de Oslo, desarrollado por la Organización para la Cooperación y el Desarrollo Económico (OCDE) y Eurostat.

El Manual de Oslo es un marco metodológico que proporciona pautas para la medición y análisis de la innovación en las empresas. Está diseñado para que las empresas puedan identificar y clasificar sus actividades innovadoras, y se enfoca en tres tipos de innovación:

innovación de producto, innovación de proceso y actividades de innovación organizacional.

El cuestionario del Oslo Manual consta de varias preguntas y se divide en cuatro secciones principales:

- Características generales de la empresa.
- Innovaciones de productos y procesos.
- Innovaciones organizativas.
- Otras actividades innovadoras.

Este cuestionario se puede acceder a través de la página web de la OCDE o Eurostat, donde se encuentra disponible en varios idiomas y en formato descargable.

Es importante destacar que el uso del Oslo Manual puede ser complejo y requerir de personal capacitado para su aplicación y análisis adecuado. Por lo tanto, se recomienda que las empresas que deseen utilizar este cuestionario busquen la asesoría de profesionales especializados en el tema o en estadística empresarial.

3.6 Preguntas variadas sobre innovación

A continuación, se muestran algunas preguntas relacionadas con la innovación con sus respectivas respuestas de forma concreta.

1. ¿Qué indicadores se pueden emplear para medir la excelencia empresarial sobre innovación?

Entre otros, se pueden utilizar estos indicadores:

- **Porcentaje de ingresos provenientes de nuevos productos o servicios (npr):** este indicador mide la proporción de los ingresos totales de una empresa que provienen de productos o servicios que fueron lanzados en los últimos años. La fórmula es: npr = ingresos de nuevos productos o servicios / ingresos totales x 100%.

- **Tasa de éxito de lanzamiento de nuevos productos o servicios:** este indicador mide la proporción de nuevos productos o servicios que se lanzan con éxito en el mercado, es decir, que alcanzan sus objetivos de ventas. La fórmula es: tasa de éxito = número de nuevos productos o servicios lanzados con éxito / número total de nuevos productos o servicios lanzados x 100%.

- **Gastos en investigación y desarrollo (I+D) como porcentaje de los ingresos totales:** este indicador mide la inversión que realiza una empresa en i+d en relación con sus ingresos totales. La fórmula es: gastos en i+d / ingresos totales x 100%.

- **Tiempo promedio desde la idea hasta el lanzamiento:** este indicador mide el tiempo que tarda una empresa en desarrollar y lanzar un nuevo producto o servicio desde que se tiene la idea inicial. La fórmula es: tiempo promedio = (fecha de lanzamiento - fecha de idea) / número de nuevos productos o servicios lanzados.

- **Número de patentes registradas:** este indicador mide la cantidad de patentes que ha registrado una empresa, lo que refleja su capacidad para generar innovación.

- **Porcentaje de ingresos derivados de tecnologías nuevas o mejoradas:** este indicador mide la proporción de los ingresos totales de una empresa que provienen de productos o servicios basados en tecnologías nuevas o mejoradas. La fórmula es: ingresos de tecnologías nuevas o mejoradas / ingresos totales x 100%.

- **Índice de innovación:** este indicador mide el nivel general de innovación de una empresa, considerando diferentes aspectos como el gasto en i+d, el número de patentes registradas, el número de nuevos productos o servicios lanzados, entre otros. La fórmula varía según la metodología utilizada para calcular el índice.

- **Coste promedio de los proyectos de innovación:** este indicador mide el coste promedio de los proyectos de innovación que ha llevado a cabo una empresa. La fórmula es: coste total de los proyectos de innovación / número de proyectos de innovación.

- **Número de empleados involucrados en proyectos de innovación:** este indicador mide la cantidad de empleados que están involucrados en proyectos de innovación, lo que refleja el nivel de compromiso de la empresa con la innovación.

- **Tasa de rotación de productos o servicios:** este indicador mide la frecuencia con la que una empresa lanza nuevos productos o servicios al mercado, lo que refleja su capacidad para innovar y adaptarse a las demandas cambiantes de los consumidores. La fórmula es: número de nuevos productos o servicios lanzados / número total de productos o servicios ofrecidos x 100%.

Cada uno de estos indicadores puede ser utilizado de forma aislada o en conjunto para evaluar la excelencia empresarial en el ámbito de la innovación. La combinación de varios indicadores puede proporcionar una visión más completa y precisa del desempeño innovador de una empresa. Es importante destacar que los indicadores de excelencia empresarial no son una lista exhaustiva y pueden ser adaptados según las necesidades y objetivos de cada empresa. La utilización de estos indicadores permite a las empresas identificar fortalezas y áreas de mejora en su estrategia de innovación, lo que puede contribuir a aumentar su competitividad y sostenibilidad en el largo plazo.

Claramente definir los indicadores de excelencia empresarial sobre innovación y medirlos de manera efectiva puede ayudar a las empresas a identificar fortalezas y debilidades en su enfoque de innovación, lo que puede llevar a mejoras significativas en la sostenibilidad empresarial y la competitividad a largo plazo.

2. ¿Qué es la innovación?

La innovación se refiere al proceso de crear y aplicar nuevas ideas, productos, servicios y prácticas que generan valor para una organización y su entorno.

3. ¿Cuál es la importancia de la innovación en las empresas?

La innovación es crucial para el éxito a largo plazo de una empresa, ya que permite a las organizaciones adaptarse a los cambios del entorno y mantenerse competitivas en un mercado cada vez más complejo.

4. ¿Qué tipos de innovación existen?

Existen diferentes tipos de innovación, como la innovación de producto, la innovación de proceso, la innovación organizacional y la innovación de marketing. Cada tipo se enfoca en diferentes aspectos de la empresa y puede generar resultados positivos en términos de eficiencia, productividad y rentabilidad.

5. Interprete la Figura 3 sobre la Innovación

Figura 3. Componentes de la innovación en el contexto nacional.

La Figura 3 ilustra los componentes de la innovación nacional, representados en un diagrama circular que destaca las áreas clave que contribuyen al desarrollo y fortalecimiento de la innovación en un país. Cada componente es interdependiente y se retroalimenta, creando un ecosistema que favorece el progreso y la competitividad nacional.

Componentes destacados:

Digitalización: impulsa la transformación digital, facilitando el acceso a tecnología y mejorando la eficiencia en diversos sectores. La digitalización es fundamental para modernizar la infraestructura y optimizar procesos.

Desarrollo Sostenible: integra prácticas sostenibles para proteger el medio ambiente y asegurar un crecimiento equilibrado a largo plazo. La sostenibilidad es crucial para innovaciones que respeten los recursos naturales y promuevan la responsabilidad ambiental.

Políticas Gubernamentales: las políticas efectivas apoyan el entorno de innovación, brindando regulaciones, incentivos y marcos legales adecuados que estimulan el emprendimiento y la inversión en tecnología.

Educación: proporciona la base para una fuerza laboral calificada y creativa, esencial para la generación de ideas innovadoras. La educación de calidad fomenta la investigación y el desarrollo de competencias necesarias para la innovación.

Investigación y Desarrollo (I+D): es el motor de la innovación tecnológica, promoviendo descubrimientos y avances científicos que pueden traducirse en productos y servicios de valor añadido.

Competitividad Global: implica la capacidad de competir en mercados internacionales, atrayendo inversión extranjera y manteniendo un alto estándar de productos y servicios que favorece el posicionamiento global del país.

Crecimiento Económico: resulta del impacto combinado de todos los otros componentes, generando un ambiente propicio para la creación de empleo, el aumento del PIB y la mejora de la calidad de vida.

Interpretación general:

La Figura 3 sugiere que la innovación nacional no depende de un solo factor, sino de una combinación de esfuerzos en áreas clave. La colaboración entre políticas gubernamentales, educación, I+D, digitalización, sostenibilidad, competitividad y crecimiento económico es necesaria para construir una infraestructura sólida de innovación que impulse el desarrollo del país y su capacidad para competir globalmente.

6. ¿Cómo se puede fomentar la innovación en una empresa?

La innovación puede ser fomentada a través de diferentes estrategias, como la creación de un entorno de trabajo que promueva la creatividad y el pensamiento crítico, la inversión en investigación y desarrollo, la colaboración con socios y proveedores externos y la implementación de sistemas de gestión de la innovación.

7. ¿Cuáles son los principales desafíos que enfrentan las empresas al implementar procesos de innovación?

Respuesta: Algunos de los principales desafíos que enfrentan las empresas al implementar procesos de innovación incluyen la falta de recursos financieros y humanos dedicados a la innovación, la resistencia al cambio por parte de los empleados, la falta de claridad en los objetivos y la estrategia de innovación y la falta de alineación entre la cultura organizacional y los procesos de innovación.

3.7 Casos de éxito de innovación

3.7.1 Caso de éxito hipotético de innovación

Imaginemos una empresa hipotética llamada "Innovatech", que se dedica a la fabricación de dispositivos móviles. A pesar de que la empresa ha tenido éxito en el pasado, se enfrenta a una creciente competencia en el mercado y está buscando formas de innovar y mantener su posición de liderazgo.

Para lograr este objetivo, la gerencia de Innovatech decide implementar un enfoque de innovación abierta. Este enfoque implica colaborar con otras empresas, universidades y expertos en el campo de la tecnología para desarrollar nuevas ideas y soluciones.

Primero, Innovatech establece un programa de innovación abierta en el que invita a empresas y expertos a presentar ideas y propuestas. A cambio, ofrece financiamiento y recursos para el desarrollo y la implementación de estas ideas. Además, la empresa crea un departamento de innovación dedicado para asegurar que se le dé la debida atención a las ideas y se les otorgue los recursos necesarios.

A través de este enfoque, Innovatech logra desarrollar un nuevo dispositivo móvil que revoluciona el mercado. El dispositivo cuenta con una pantalla flexible que se puede plegar para ocupar menos espacio y facilitar su transporte. Además, tiene una duración de batería mucho más larga y un procesador más potente que los dispositivos anteriores.

La implementación de la innovación abierta permitió que Innovatech recibiera aportes y perspectivas de expertos externos que podrían no haber sido considerados en un enfoque de innovación tradicional. Como resultado, la empresa logró desarrollar un producto innovador y único que le permitió mantenerse a la vanguardia de su industria.

Este caso hipotético ilustra cómo un enfoque de innovación abierta puede conducir al desarrollo de soluciones innovadoras y exitosas. Al colaborar con otros expertos y empresas, las empresas pueden acceder a una amplia gama de perspectivas y recursos que les permiten desarrollar soluciones que de otra manera no podrían haberse imaginado.

3.7.2 Casos de éxito real de innovación

Un ejemplo real de éxito en innovación es la empresa Tesla, fundada por Elon Musk en 2003 con el objetivo de revolucionar la industria automotriz mediante la producción de automóviles eléctricos atractivos y de alto rendimiento.

Tesla no solo se enfocó en la innovación de los vehículos eléctricos, sino que también innovó en la forma en que se comercializan y venden los vehículos. En lugar de vender sus automóviles a través de concesionarios tradicionales, Tesla adoptó un modelo de venta directa al consumidor. Esta innovación no solo permitió a la empresa tener un mayor control sobre la experiencia del cliente, sino que también eliminó muchos de los costes y restricciones asociados con los concesionarios de automóviles tradicionales.

Además, Tesla ha sido un líder en la tecnología de baterías y sistemas de energía renovable. La empresa ha desarrollado baterías de alta capacidad y eficiencia que se utilizan no solo en sus vehículos eléctricos, sino también en sistemas de almacenamiento de energía para el hogar y la industria. También ha implementado una red de estaciones de carga rápida para vehículos eléctricos en todo el mundo, lo que ha mejorado significativamente la capacidad de los conductores para viajar largas distancias sin preocuparse por la recarga.

Al igual que en el caso hipotético anterior, la innovación en Tesla se logró a través de la colaboración y el enfoque en las soluciones de múltiples perspectivas. La empresa ha trabajado en estrecha colaboración con expertos en baterías y energía renovable, así como con proveedores y fabricantes de automóviles, para desarrollar soluciones innovadoras y de alta calidad.

En comparación con el caso hipotético anterior, el éxito de Tesla se debe a su enfoque en la innovación continua y el liderazgo en tecnología. La empresa ha sido pionera en la industria de vehículos eléctricos y ha implementado soluciones innovadoras en todos los aspectos de su negocio, desde la fabricación hasta la comercialización y la venta. Esto ha permitido que la empresa se diferencie de sus competidores y tenga un impacto significativo en la industria automotriz en general.

3.7.2.1 Caso de éxito real de innovación en el deporte

Un caso de éxito en innovación en el deporte es el uso de tecnología avanzada en la NFL (*National Football League*) de los Estados Unidos. La

NFL ha implementado una serie de tecnologías innovadoras para mejorar la seguridad de los jugadores, la precisión de los árbitros y la experiencia de los aficionados.

Por ejemplo, la NFL ha desarrollado un sistema de sensores en los cascos de los jugadores que rastrean la fuerza de los impactos y la ubicación de los jugadores en el campo en tiempo real. Esta tecnología permite a los entrenadores y médicos evaluar y prevenir lesiones, así como mejorar la estrategia de juego.

Además, la NFL ha utilizado sistemas de revisión de video en tiempo real y en alta definición para ayudar a los árbitros a tomar decisiones más precisas durante el juego. Los árbitros tienen acceso a múltiples ángulos de video y pueden revisar una jugada varias veces antes de tomar una decisión final.

También se ha implementado tecnología innovadora para mejorar la experiencia de los aficionados, como pantallas gigantes en los estadios que ofrecen vistas panorámicas y cámaras de alta definición para ofrecer vistas desde el punto de vista del jugador.

En conjunto, estas tecnologías han mejorado significativamente la seguridad de los jugadores, la precisión de los árbitros y la experiencia de los aficionados en la NFL. Esto ha permitido que la NFL se diferencie de otros deportes y atraiga a una base de fans cada vez más amplia.

En comparación con los casos anteriores, el éxito de la innovación en la NFL se debe a su enfoque en la mejora continua de la seguridad de los jugadores, la precisión de los árbitros y la experiencia de los aficionados. La NFL ha sido capaz de aprovechar las últimas tecnologías y aplicarlas de manera efectiva en el deporte, lo que ha mejorado significativamente el valor que la NFL ofrece a sus jugadores, aficionados y patrocinadores.

3.8 Preguntas de reflexión

Los autores sugieren diversas preguntas de reflexión para seguir profundizando en el importante tema abordado en este capítulo.

1 ¿Cómo se relacionan los conceptos de innovación y disrupción en las organizaciones?

2 ¿Cuáles son los desafíos que enfrentan las empresas que no se adaptan a los cambios en el mercado?

3 ¿Qué tipos de innovación son más relevantes en el contexto empresarial y organizacional?

4 ¿Cómo puede la innovación ayudar a las empresas a mantenerse competitivas en un mercado cambiante?

5 ¿Qué características debe tener una cultura empresarial que fomente la innovación?

6 ¿Por qué es importante la colaboración y el intercambio de conocimientos para impulsar la innovación?

7 ¿Cuáles son los retos y perspectivas de la innovación en la actualidad?

8 ¿Cuál es el papel de la innovación en el crecimiento y la supervivencia de las organizaciones?

9 ¿Cómo pueden las empresas adaptarse y cambiar para mantenerse competitivas en un mercado global en constante evolución?

10 ¿Cuáles son los países más innovadores del mundo y qué pueden aprender otras naciones de su éxito en la innovación?

3.9 Resumen del capítulo

Este capítulo se centró en el tema de la innovación y la disrupción en el contexto empresarial y organizacional. El capítulo comienza con una definición y una explicación de los conceptos de innovación y disrupción, y cómo estos conceptos están relacionados entre sí.

Luego, el capítulo describe cómo la disrupción ha cambiado el panorama empresarial y cómo las empresas pueden responder a los desafíos de la disrupción. Los autores señalan que la disrupción puede ser una amenaza para las empresas que no se adaptan a los cambios en el mercado, pero también puede ser una oportunidad para las empresas que pueden innovar y desarrollar nuevos modelos de negocio.

El capítulo también describe diferentes tipos de innovación, y cómo estas formas de innovación pueden ayudar a las empresas a mantenerse competitivas en un mercado cambiante. Además, los autores discuten los retos y perspectivas de la innovación, incluyendo la necesidad de una cultura empresarial que fomente la innovación y la importancia de la colaboración y el intercambio de conocimientos para impulsar la innovación.

Además, el capítulo analiza la innovación en los países, identificando los países más innovadores del mundo y explorando las razones detrás de su éxito en la innovación. Los autores interpretan que la innovación es esencial para la supervivencia y el crecimiento de las organizaciones, y que las empresas y los países deben estar dispuestos a adaptarse y cambiar para mantenerse competitivos en un mercado global en constante evolución.

Por último, se detalla sobre la medición de la innovación empresarial y se muestran ejemplos de innovación tanto hipotéticos como reales; además de mostrarse un crucigrama y una sopa de letras sobre los contenidos del capítulo, para su estudio independiente.

Capítulo 4. Sosteniblidad Empresarial

El **objetivo de este capítulo** es reflexionar sobre la sostenibilidad empresarial.

4.1. Introducción a la sostenibilidad empresarial

4.1.1 Definición de sostenibilidad

La sostenibilidad es un concepto ampliamente estudiado en la literatura científica en los últimos años. Implica un equilibrio entre las necesidades humanas, económicas y ambientales a largo plazo, lo que implica una gestión responsable de los recursos naturales y una consideración de las externalidades de las actividades humanas en el medio ambiente Debe ser considerada como un objetivo holístico que involucra aspectos sociales, ambientales y económicos, y que requiere de la colaboración entre múltiples actores y la integración de la sostenibilidad en la estrategia empresarial.

La sostenibilidad se define como la capacidad de satisfacer las necesidades actuales sin comprometer la capacidad de las futuras generaciones para satisfacer las suyas, manteniendo los procesos ecológicos, la biodiversidad y la productividad a lo largo del tiempo. Según Church et al. (2022), este concepto ha ganado relevancia a medida que las sociedades humanas reconocen la naturaleza finita de muchos recursos naturales y los efectos persistentes del consumo excesivo, la contaminación y la mala planificación del uso de la tierra. La sostenibilidad, por tanto, no solo se refiere al uso sostenible de los recursos, sino también a las implicaciones sociales y económicas de las prácticas sostenibles, lo que requiere un enfoque interdisciplinario para enfrentar los desafíos globales actuales (Church et al., 2022).

Por otro lado, Lanzano (2021) explora cómo la sostenibilidad ha sido conceptualizada en la antropología, destacando que el término está cada vez más vinculado a la necesidad de un equilibrio entre las necesidades humanas y las capacidades de la biosfera para sostener la vida. Esta perspectiva enfatiza que la sostenibilidad implica no solo un enfoque ambiental, sino también la consideración de las dimensiones sociales y económicas que contribuyen a una vida sostenible. La comprensión de la sostenibilidad en este contexto es esencial para abordar la interconexión entre el desarrollo humano y la preservación del medio ambiente, lo que subraya la importancia de una visión holística para lograr la sostenibilidad global (Lanzano, 2021).

Son importantes la innovación y la tecnología para lograr la sostenibilidad empresarial, y señala que la integración de la sostenibilidad en los procesos de innovación puede ser una fuente de ventaja competitiva y un impulsor de la colaboración entre empresas y otros actores relevantes. Es vital la toma de decisiones sostenibles en la empresa y esta debe ser apoyada por herramientas de análisis que permitan una evaluación rigurosa de los impactos ambientales y sociales de las actividades empresariales.

En resumen, la literatura científica destaca que la sostenibilidad es un concepto clave para la gestión empresarial responsable y sostenible a largo plazo. La sostenibilidad implica la integración de aspectos sociales, ambientales y económicos en la estrategia empresarial y la toma de decisiones sostenibles, y requiere de la colaboración entre múltiples actores y la incorporación de la innovación y la tecnología en los procesos empresariales.

4.1.2 Importancia de la sostenibilidad para las empresas

La sostenibilidad es un tema cada vez más importante para las empresas, no solo por la presión social y regulatoria, sino también por su impacto en el desempeño financiero y la reputación corporativa. Las empresas que adoptan una orientación hacia la sostenibilidad pueden mejorar su rendimiento financiero y empresarial a largo plazo. La innovación y la tecnología pueden ser factores clave en la gestión empresarial sostenible. Siendo importante la toma de decisiones multicriterio para una gestión empresarial sostenible y eficaz.

La sostenibilidad empresarial se ha convertido en un elemento crucial para las empresas modernas, no solo como un medio para cumplir con las normativas ambientales, sino también como una estrategia competitiva clave. Según Fauzi, Johari y Zainuddin (2021), implementar prácticas sostenibles contribuye a la maximización del valor económico mientras se minimizan los costos sociales y ambientales, lo que resulta en un impacto positivo en la reputación y en la longevidad de las empresas. Estos autores subrayan que la alineación de las operaciones empresariales con métodos sostenibles añade un valor significativo, no solo cumpliendo con las expectativas corporativas, sino también impulsando el logro de metas estratégicas a largo plazo (Fauzi, Johari, & Zainuddin, 2021).

Por otro lado, Ibrahim (2022) destaca el papel fundamental que desempeñan las pequeñas empresas en la promoción de la sostenibilidad. Estas empresas, debido a su flexibilidad y adaptabilidad, pueden integrar tecnologías respetuosas con el medio ambiente, reducir el desperdicio y adoptar prácticas sostenibles en sus cadenas de suministro. Además, las pequeñas empresas, al estar profundamente arraigadas en sus comunidades, pueden influir directamente en la sostenibilidad social a través de prácticas empresariales responsables, apoyando a proveedores locales y fomentando un desarrollo económico sostenible a nivel local (Ibrahim, 2022).

Los resultados de estas investigaciones sugieren que la sostenibilidad es crucial para las empresas en términos de desempeño financiero, reputación corporativa y éxito a largo plazo. Las empresas pueden mejorar su rendimiento y asegurar su supervivencia a largo plazo al adoptar prácticas sostenibles y centrarse en la innovación, la tecnología y la toma de decisiones multicriterio. Además, los hallazgos también destacan la necesidad de que las empresas tomen en cuenta no solo los impactos económicos, sino también los impactos ambientales y sociales de sus operaciones y decisiones. En conclusión, la sostenibilidad es una consideración importante y estratégica para las empresas en la actualidad y en el futuro.

Tan y Villaflor (2022) llevaron a cabo una revisión bibliométrica de la literatura sobre el análisis multicriterio de decisiones para la gestión sostenible de empresas. Los autores encontraron que el análisis multicriterio de decisiones es una herramienta valiosa para la toma de decisiones empresariales sostenibles. Este estudio destaca la importancia de considerar múltiples criterios y perspectivas al tomar decisiones empresariales sostenibles.

La sostenibilidad se ha convertido en un elemento clave de la estrategia empresarial debido a la creciente demanda de los consumidores por productos y servicios respetuosos con el medio ambiente, así como por la preocupación por los problemas ambientales y sociales a nivel mundial. Es una oportunidad para las empresas para crear valor compartido, mejorar su reputación y reducir los riesgos financieros y legales asociados con la gestión ambiental y social. Además, la sostenibilidad también puede generar beneficios para la empresa a largo plazo.

Asimismo, la sostenibilidad también puede ser un elemento clave para la innovación empresarial. La adopción de prácticas sostenibles puede mejorar la capacidad de innovación de las empresas al fomentar la creatividad y el pensamiento crítico en los empleados.

En conclusión, la sostenibilidad es un elemento clave de la estrategia empresarial debido a su capacidad para crear valor compartido, mejorar la reputación, reducir los riesgos financieros y legales, generar beneficios a largo plazo y fomentar la innovación empresarial.

En resumen, la literatura científica muestra que la sostenibilidad es importante para las empresas porque puede mejorar su desempeño financiero, promover su reputación y mejorar su relación con los *stakeholders*, reducir su impacto ambiental y aumentar su eficiencia operativa. Además, se ha demostrado que la innovación y la tecnología son elementos clave para la implementación de prácticas sostenibles, y que el análisis multicriterio de decisiones puede ayudar a las empresas a tomar decisiones empresariales sostenibles. En consecuencia, las empresas pueden beneficiarse significativamente de la adopción de prácticas sostenibles y la integración de consideraciones ambientales, sociales y de gobernanza en sus operaciones y estrategias empresariales.

4.2 Relación entre la sostenibilidad y la estrategia empresarial

La sostenibilidad se ha convertido en una preocupación clave para las empresas, ya que las prácticas sostenibles pueden mejorar su reputación y, a su vez, mejorar su desempeño financiero a largo plazo. En la literatura académica reciente, se ha enfatizado la importancia de la integración de la sostenibilidad en la estrategia empresarial. Se ha argumentado que la sostenibilidad no puede ser simplemente un accesorio o una iniciativa aparte, sino que debe formar parte de la estrategia central de la empresa.

La relación entre la sostenibilidad y la estrategia empresarial se ha convertido en un aspecto central para muchas organizaciones que buscan equilibrar el éxito financiero con responsabilidades ambientales y sociales. Según Amanati y Pusparini (2023), las estrategias empresariales que integran objetivos de sostenibilidad tienen un impacto positivo en el desempeño ambiental y social de las empresas, aunque no siempre influyen directamente en la gobernanza corporativa. Estos hallazgos subrayan la importancia de que las empresas desarrollen estrategias sostenibles que no solo respondan a las expectativas de los accionistas, sino que también contribuyan a mejorar la sostenibilidad en un sentido más amplio (Amanati & Pusparini, 2023).

Por otro lado, la investigación de Kim (2022) sobre la relación entre la estrategia empresarial y las estrategias fiscales sostenibles destaca cómo las empresas que adoptan una postura defensiva en su estrategia empresarial tienden a implementar estrategias fiscales más sostenibles. Esto sugiere que la sostenibilidad no solo se relaciona con los aspectos ambientales y sociales, sino que también puede extenderse a la gestión financiera, donde las decisiones estratégicas influyen en la sostenibilidad fiscal a largo plazo. Este enfoque integral resalta la necesidad de considerar todos los aspectos de la sostenibilidad dentro de la planificación estratégica empresarial (Kim, 2022).

La integración de la sostenibilidad en la estrategia empresarial puede tomar diferentes formas, como la creación de productos y servicios más sostenibles, la implementación de prácticas de cadena de suministro sostenibles, la reducción de la huella de carbono, la gestión responsable de los recursos naturales, entre otras. Las empresas que adoptan prácticas sostenibles a menudo experimentan mejoras en la eficiencia, la innovación y la gestión de riesgos, lo que se traduce en beneficios financieros a largo plazo.

La sostenibilidad no solo tiene implicaciones financieras, sino que también puede afectar la capacidad de una empresa para atraer y retener talentos, así como su capacidad para satisfacer las expectativas de los clientes y los accionistas en cuanto a prácticas éticas y responsables.

En resumen, la integración de la sostenibilidad en la estrategia empresarial se ha convertido en una preocupación clave para las empresas, ya que puede mejorar su desempeño financiero a largo plazo, su reputación y su capacidad para atraer y retener talentos. Las prácticas sostenibles pueden tomar diferentes formas, como la creación de productos y servicios más sostenibles, la implementación de prácticas de cadena de suministro sostenibles, la reducción de la huella de carbono, la gestión responsable de los recursos naturales, entre otras. La sostenibilidad debe ser una parte integral de la estrategia empresarial y no simplemente una iniciativa aparte.

4.2.1 Ejemplos de empresas que han incorporado la sostenibilidad en su estrategia

La incorporación de la sostenibilidad en la estrategia empresarial se ha vuelto un tema cada vez más relevante en la actualidad. Algunas empresas líderes han adoptado prácticas sostenibles en sus operaciones para contribuir al desarrollo sostenible y mejorar su reputación empresarial. Por ejemplo, la empresa Unilever ha implementado un plan de sostenibilidad llamado "*Unilever Sustainable Living Plan*", el cual busca reducir el impacto ambiental de sus productos y promover prácticas sostenibles en su cadena de suministro (Unilever, 2021).

Unilever, es una compañía que ha adoptado una estrategia integral de sostenibilidad que abarca desde la gestión de la cadena de suministro hasta el desarrollo de productos y la promoción de hábitos de consumo sostenibles. Unilever se ha fijado objetivos ambiciosos para reducir su impacto ambiental y mejorar la vida de las personas, como la eliminación de residuos plásticos en sus operaciones y la promoción de dietas más saludables y sostenibles. La empresa también ha integrado la sostenibilidad en su cultura corporativa, con la creación de un equipo de sostenibilidad dedicado y la inclusión de la sostenibilidad en la evaluación del desempeño de los empleados.

Por su parte, la empresa Walmart ha establecido una serie de objetivos de sostenibilidad, tales como reducir sus emisiones de gases de efecto invernadero y mejorar la eficiencia energética en sus operaciones (Walmart, 2023). Otra empresa que ha incorporado la sostenibilidad en su estrategia es Patagonia, la cual ha adoptado prácticas sostenibles en su cadena de suministro y ha promovido la reutilización y el reciclaje de sus productos (Patagonia, 2023).

En conclusión, las empresas líderes están adoptando prácticas sostenibles en sus operaciones como una forma de contribuir al desarrollo sostenible y mejorar su reputación empresarial. Las empresas mencionadas anteriormente, Unilever, Walmart y Patagonia, son ejemplos de empresas que han incorporado la sostenibilidad en su estrategia empresarial con el fin de lograr objetivos de sostenibilidad y mejorar su impacto social y ambiental.

Otro ejemplo interesante es el de la empresa sueca IKEA, que ha incorporado la sostenibilidad en su estrategia de negocio. La compañía se ha comprometido a ser 100% circular y climáticamente positiva para 2030, y ha implementado medidas para lograr ese objetivo, como la utilización de materiales renovables y reciclables en sus productos, la reducción de emisiones de carbono en sus operaciones y la implementación de prácticas sostenibles en su cadena de suministro (IKEA, 2023).

Esta compañía ha establecido un enfoque centrado en la sostenibilidad en su modelo de negocio, que incluye el uso de materiales renovables y reciclables en sus productos, la reducción de emisiones de gases de efecto invernadero y la promoción de la eficiencia energética en sus tiendas y centros de producción. Además, Ikea se ha comprometido a abordar los desafíos globales de sostenibilidad, como el cambio climático y la deforestación, a través de iniciativas como su programa "*Better Cotton*", que fomenta la producción sostenible de algodón.

En esencia, las empresas están cada vez más conscientes de la importancia de incorporar la sostenibilidad en su estrategia y operaciones. Ejemplos de empresas que han adoptado esta perspectiva incluyen Patagonia, Ikea y Unilever, que han asumido una amplia gama de prácticas sostenibles en sus operaciones y han hecho de la sostenibilidad una parte integral de su cultura corporativa. La incorporación de la sostenibilidad en la estrategia empresarial no solo contribuye al bienestar del planeta, sino que también puede generar beneficios económicos y mejorar la reputación y el atractivo de la empresa para los consumidores y los empleados.

En resumen, existen numerosos ejemplos de empresas que han incorporado la sostenibilidad en su estrategia de negocio. Estas empresas están demostrando que es posible ser rentable al mismo tiempo que se protege el medio ambiente y se contribuye al desarrollo sostenible. Las empresas que adoptan prácticas sostenibles no solo obtienen beneficios económicos y sociales, sino que también tienen una imagen positiva y mejoran su reputación.

4.2.2 La sostenibilidad como motor de la innovación empresarial

La sostenibilidad se ha convertido en un motor de innovación empresarial, ya que las empresas están empezando a darse cuenta de que la adopción de prácticas sostenibles no solo es necesaria desde una perspectiva ética y ambiental, sino también desde una perspectiva de competitividad en el mercado. Según investigaciones recientes, la sostenibilidad puede estimular la innovación en las empresas al fomentar la creatividad, mejorar la eficiencia y reducir costes, así como generar nuevas oportunidades de mercado. La innovación sostenible puede impulsar la competitividad a largo plazo y mejorar la resiliencia de las empresas frente a desafíos y cambios en el entorno empresarial. Estos resultados se ven reflejados en diferentes sectores como el de la moda, el de la construcción, la industria alimentaria y en la economía circular, entre otros.

En el sector de la moda, por ejemplo, la sostenibilidad ha llevado a la innovación en el uso de materiales ecológicos y en la creación de nuevos modelos de negocio centrados en la economía circular. La construcción sostenible ha generado innovaciones en la construcción de edificios y en la gestión de residuos. En la industria alimentaria, la sostenibilidad ha impulsado la innovación en la producción y distribución de alimentos, como la agricultura regenerativa y la reducción del desperdicio de alimentos. Finalmente, la economía circular se ha convertido en un importante motor de innovación empresarial, ya que impulsa la adopción de prácticas empresariales sostenibles y fomenta la innovación en la gestión de residuos y en el diseño de productos.

La sostenibilidad se ha convertido en un motor clave para la innovación empresarial, impulsando a las empresas a desarrollar productos y procesos que no solo sean competitivos, sino también ambiental y socialmente responsables. Según Susiati et al. (2023), en la era de la economía verde, la innovación sostenible se ha consolidado como un factor determinante para el crecimiento empresarial, al permitir que las empresas adapten sus modelos de negocio para satisfacer tanto las demandas del mercado como las expectativas ambientales y sociales. Este enfoque no solo promueve el éxito financiero a largo plazo, sino que también fortalece la posición de las empresas en un mercado cada vez más consciente de la sostenibilidad (Susiati et al., 2023).

Por otro lado, Paduraru (2023) destaca que la eco-innovación, una forma de innovación centrada en la sostenibilidad, es fundamental para mejorar el desempeño ambiental de las empresas y avanzar hacia modelos de negocio más sostenibles. La adopción de prácticas de eco-innovación no solo permite a las empresas reducir su impacto ambiental, sino que también les ofrece una ventaja competitiva en mercados donde la sostenibilidad es cada vez más valorada. Este enfoque subraya la importancia de superar las barreras existentes y de crear un marco de apoyo a nivel nacional y europeo para fomentar la adopción de la eco-innovación en el ámbito empresarial (Paduraru, 2023).

En resumen, la sostenibilidad se ha convertido en un motor clave de innovación empresarial, y se ha demostrado que su adopción no solo es ética y ambientalmente responsable, sino también competitiva y rentable a largo plazo. La innovación sostenible puede impulsar la competitividad de las empresas, mejorar su resiliencia y generar nuevas oportunidades de mercado. Por lo tanto, se debe fomentar el desarrollo de prácticas empresariales sostenibles y la adopción de innovaciones sostenibles como parte de la estrategia empresarial a largo plazo.

4.2.3 La importancia de la innovación para la sostenibilidad

La innovación se ha convertido en una herramienta clave para promover la sostenibilidad en las empresas. Varios estudios destacan la importancia de la innovación como un medio para aumentar la eficiencia y reducir los impactos ambientales. La innovación en productos, procesos y servicios puede mejorar el desempeño ambiental y reducir los costes operativos, lo que puede mejorar la competitividad y el valor de la empresa. Además, la innovación puede ayudar a las empresas a cumplir con las expectativas de los consumidores y los reguladores en relación con la sostenibilidad.

Las empresas que promueven la innovación sostenible también pueden atraer y retener empleados más comprometidos con la responsabilidad social y ambiental. En resumen, la innovación puede ser un factor clave para mejorar la sostenibilidad de las empresas, al tiempo que mejora su desempeño financiero y reputacional.

La innovación es esencial para alcanzar la sostenibilidad en las empresas, ya que permite el desarrollo de soluciones creativas que abordan los desafíos ambientales y sociales de manera efectiva. Según Lejbert y Kovyazin (2022), las innovaciones, tanto sociales como ambientales, juegan un papel crucial en la consecución de los Objetivos de Desarrollo Sostenible, ya que permiten a las empresas mejorar sus prácticas mientras mitigan los impactos negativos en el entorno y la sociedad. La integración de la innovación en la estrategia empresarial no solo ayuda a las empresas a cumplir con las normativas ambientales, sino que también ofrece oportunidades para mejorar su competitividad al adoptar prácticas sostenibles que resuenen con las expectativas de los consumidores y otros grupos de interés (Lejbert & Kovyazin, 2022).

Además, Guinot, Barghouti y Chiva (2022) subrayan la importancia de la innovación verde como un componente clave de la sostenibilidad en las empresas modernas. Su estudio revela que las empresas que implementan innovaciones orientadas hacia la sostenibilidad no solo logran mejorar su desempeño ambiental, sino que también fortalecen su posición en el mercado al satisfacer la creciente demanda de productos y servicios ecológicamente responsables. Estos enfoques innovadores son fundamentales para garantizar un crecimiento sostenible a largo plazo, ayudando a las empresas a alinearse con las expectativas sociales y regulatorias mientras contribuyen al bienestar general de la sociedad (Guinot, Barghouti, & Chiva, 2022).

4.3 Ejemplos de innovaciones sostenibles en distintas industrias

La implementación de innovaciones sostenibles es un tema de gran importancia en las distintas industrias debido a su contribución en la mejora del desempeño ambiental y económico de las empresas.

Las innovaciones sostenibles han transformado diversas industrias, integrando prácticas que no solo mejoran la eficiencia y competitividad, sino que también reducen el impacto ambiental. En la industria textil, por ejemplo, se han implementado innovaciones sostenibles que incluyen el ecodiseño, el etiquetado ecológico y la evaluación del ciclo de vida, así como procesos de producción más limpios y eficientes en el uso de recursos. Estos cambios han sido impulsados por la creciente demanda de productos eco-amigables y regulaciones más estrictas que obligan a las empresas a adoptar prácticas más sostenibles (Harsanto et al., 2023).

Otro ejemplo destacado es la aplicación de tecnologías de la Industria 4.0 en la manufactura, que ha permitido a las pequeñas y medianas empresas mejorar su desempeño sostenible. La adopción de tecnologías avanzadas, como la analítica de datos y el Internet de las Cosas (IoT), ha facilitado la implementación de innovaciones verdes en los procesos productivos, lo que contribuye a la reducción de emisiones de carbono y a una mayor eficiencia energética. Estos avances no solo mejoran la sostenibilidad, sino que también ofrecen a las empresas una ventaja competitiva significativa en un mercado global cada vez más consciente del medio ambiente (Mubarak et al., 2021).

Un ejemplo de innovación sostenible en la industria alimentaria es la utilización de envases biodegradables y compostables. En la industria textil, se ha desarrollado el uso de fibras y tejidos reciclados en la fabricación de prendas de vestir. También, en la industria automotriz, se ha implementado la producción de vehículos eléctricos y la utilización de materiales reciclables en la fabricación de componentes. Por otro lado, en la industria de la construcción, se ha desarrollado el uso de materiales sostenibles como el bambú y la madera certificada en la construcción de edificaciones. Estos ejemplos demuestran cómo la implementación de innovaciones sostenibles puede tener un impacto significativo en la mejora del desempeño ambiental y económico de las empresas en distintas industrias.

En resumen, la implementación de innovaciones sostenibles es crucial en las distintas industrias debido a su contribución en la mejora del desempeño ambiental y económico de las empresas. Los ejemplos mencionados anteriormente demuestran cómo la implementación de innovaciones sostenibles puede tener un impacto significativo en la reducción del impacto ambiental de las empresas y en la creación de valor a largo plazo. Es importante continuar explorando y desarrollando innovaciones sostenibles en las distintas industrias para alcanzar un futuro más sostenible y equitativo.

4.4 La toma de decisiones empresariales y su relación con la sostenibilidad

La toma de decisiones empresariales y su relación con la sostenibilidad es un tema relevante en la actualidad, ya que cada vez más empresas están adoptando prácticas sostenibles en sus operaciones y estrategias de negocio. Según los resultados de los artículos científicos revisados, existen diversas maneras en que la toma de decisiones empresariales puede afectar la sostenibilidad, desde el diseño de productos y servicios, hasta la gestión de recursos naturales y la responsabilidad social corporativa.

La toma de decisiones empresariales juega un papel crucial en la sostenibilidad, ya que las decisiones estratégicas pueden determinar el impacto ambiental y social de una empresa a largo plazo. Según Bolis et al. (2021), uno de los desafíos principales en la toma de decisiones empresariales es equilibrar los valores morales con los beneficios económicos. Las empresas a menudo enfrentan conflictos entre la maximización de los beneficios y la incorporación de valores sostenibles, lo que requiere un enfoque que integre la racionalidad sustantiva para considerar los impactos colectivos a largo plazo. Este enfoque ayuda a las organizaciones a alinear sus decisiones con objetivos de desarrollo sostenible, asegurando que sus acciones no solo sean rentables, sino también responsables desde una perspectiva social y ambiental (Bolis et al., 2021).

Por otro lado, Dietz (2023) destaca que la diversidad en la toma de decisiones es fundamental para enfrentar los desafíos de sostenibilidad. Este autor sugiere que las decisiones sostenibles deben considerar una amplia gama de perspectivas y criterios éticos para manejar la incertidumbre y los posibles conflictos. Las decisiones que se basan en un enfoque multidisciplinario y que incorporan ciencia, ética y prácticas sociales son más propensas a conducir a resultados sostenibles y equitativos. Además, enfatiza la necesidad de reformar las estructuras de toma de decisiones para promover una transformación social que permita a las empresas y a la sociedad en general avanzar hacia un futuro más sostenible (Dietz, 2023).

La adopción de prácticas de responsabilidad social corporativa puede mejorar la imagen de marca y la reputación empresarial, lo que a su vez puede aumentar la lealtad de los clientes y la rentabilidad a largo plazo. La inclusión de criterios ambientales y sociales en la toma de decisiones puede contribuir a la reducción de costes y a la mejora de la eficiencia empresarial, al tiempo que se promueve el bienestar social y la protección del medio ambiente.

Por otro lado, también se ha destacado la importancia de considerar los impactos a largo plazo de las decisiones empresariales en la sostenibilidad, en lugar de enfocarse únicamente en los resultados a corto plazo. La adopción de prácticas de sostenibilidad en la cadena de suministro puede generar beneficios económicos, sociales y ambientales a largo plazo, al tiempo que se reduce el riesgo de interrupciones en la cadena de suministro debido a factores como el cambio climático o la escasez de recursos.

En resumen, la toma de decisiones empresariales y su relación con la sostenibilidad es un tema complejo que abarca múltiples áreas, desde la gestión de recursos naturales hasta la responsabilidad social corporativa. Los resultados de los estudios revisados indican que la adopción de prácticas sostenibles puede generar beneficios tanto a corto como a largo plazo, al tiempo que se promueve el bienestar social y la protección del medio ambiente. Es importante que las empresas consideren cuidadosamente los impactos de sus decisiones en la sostenibilidad, y trabajen para desarrollar estrategias de negocio que permitan una gestión eficiente y responsable de los recursos naturales.

4.4.1 Cómo incorporar la sostenibilidad en la toma de decisiones empresariales

La incorporación de la sostenibilidad en la toma de decisiones empresariales es fundamental para lograr un desarrollo sostenible a largo plazo. Según la literatura científica revisada, la integración de la sostenibilidad en la toma de decisiones empresariales implica una serie de medidas, entre ellas la identificación de los riesgos y oportunidades relacionados con la sostenibilidad, la consideración de múltiples perspectivas y la evaluación del impacto social, ambiental y económico. Además, se destaca la importancia de involucrar a los diferentes actores interesados, como clientes, proveedores, empleados, reguladores y la comunidad en general.

Incorporar la sostenibilidad en la toma de decisiones empresariales requiere un enfoque estratégico que integre valores éticos y beneficios económicos a largo plazo. Según Bolis et al. (2021), uno de los principales desafíos es reconocer los límites de aplicar los valores morales del desarrollo sostenible en un contexto empresarial que tradicionalmente se enfoca en la maximización de los beneficios económicos. Para superar estos desafíos, es fundamental que las empresas involucren a sus partes interesadas y trabajadores en la adopción de valores sostenibles, lo que les permitirá no solo cumplir con las expectativas económicas, sino también contribuir significativamente al bienestar social y ambiental (Bolis et al., 2021).

Por otro lado, Hristov, Chirico y Ranalli (2021) destacan que las estrategias empresariales orientadas hacia la sostenibilidad no solo mejoran el rendimiento financiero, sino que también generan un impacto positivo en las comunidades circundantes. La clave para integrar la sostenibilidad en la toma de decisiones estratégicas radica en la creación de modelos corporativos que promuevan el desarrollo sostenible. Estos modelos permiten a las empresas equilibrar los objetivos económicos con las metas sociales y ambientales, asegurando que las decisiones empresariales contribuyan al bienestar general y al desarrollo sostenible a largo plazo (Hristov, Chirico, & Ranalli, 2021).

Resulta interesante la aplicación de herramientas de gestión empresarial, como el análisis de ciclo de vida, la huella de carbono y el balance social, como una forma de integrar la sostenibilidad en la toma de decisiones empresariales, así como la formación y sensibilización de los trabajadores en temas de sostenibilidad y la adopción de estrategias a largo plazo, lo que implica una comprensión profunda del sistema de producción y de los impactos de la empresa en la sociedad y el medio ambiente.

En resumen, la literatura científica evidencia que la incorporación de la sostenibilidad en la toma de decisiones empresariales implica un enfoque holístico y participativo, donde se consideran los impactos sociales, ambientales y económicos de la empresa a largo plazo. La aplicación de herramientas de gestión empresarial y la formación de los trabajadores en temas de sostenibilidad son medidas claves para lograr una toma de decisiones más sostenible y responsable.

4.4.2 Beneficios de tomar decisiones sostenibles

La toma de decisiones sostenibles en las empresas puede generar diversos beneficios. La implementación de prácticas de sostenibilidad en la toma de decisiones puede mejorar la eficiencia de la empresa, reducir costes y aumentar la satisfacción de los empleados y la lealtad de los clientes. Además, las decisiones sostenibles pueden ayudar a reducir el impacto ambiental y mejorar la imagen de la empresa.

Por otro lado, la falta de consideración de la sostenibilidad en la toma de decisiones puede tener consecuencias negativas para la empresa y la sociedad en general, dado que la falta de responsabilidad social en las decisiones empresariales puede generar una mala reputación, pérdida de clientes y riesgos financieros.

Además, la toma de decisiones sostenibles puede generar beneficios a largo plazo para la empresa. La implementación de estrategias sostenibles puede mejorar el desempeño financiero a largo plazo, aumentar el valor de la empresa y reducir los riesgos ambientales y sociales.

La toma de decisiones sostenibles en el ámbito empresarial ofrece una serie de beneficios que van más allá de la simple reducción de impactos ambientales. Según Bolis et al. (2021), la incorporación de valores morales y beneficios económicos en las decisiones estratégicas puede mejorar significativamente la reputación de la empresa, fortalecer la relación con los stakeholders y aumentar la lealtad de los clientes. Las empresas que integran la sostenibilidad en su modelo de negocio también pueden experimentar un aumento en la eficiencia operativa y una reducción de costos a largo plazo, lo que resulta en un rendimiento financiero más sólido y sostenible (Bolis et al., 2021).

Además, como destaca Dietz (2023), la toma de decisiones sostenibles permite a las empresas estar mejor preparadas para enfrentar desafíos futuros, como cambios regulatorios y las expectativas crecientes de los consumidores en torno a la sostenibilidad. Al adoptar un enfoque proactivo hacia la sostenibilidad, las organizaciones no solo contribuyen positivamente al medio ambiente y a la sociedad, sino que también se posicionan de manera competitiva en el mercado global. Esta ventaja competitiva se traduce en una mayor resiliencia y capacidad para adaptarse a las fluctuaciones del mercado, asegurando el éxito a largo plazo (Dietz, 2023).

En resumen, la toma de decisiones sostenibles puede generar múltiples beneficios para las empresas, tales como la mejora de la eficiencia, la reducción de costes, el aumento de la satisfacción de los empleados y la lealtad de los clientes, la reducción del impacto ambiental y la mejora de la imagen corporativa. Por lo tanto, es importante que las empresas consideren la sostenibilidad en sus decisiones para lograr un éxito sostenible a largo plazo.

4.4.3 El bienestar empresarial y la sostenibilidad

El bienestar empresarial y la sostenibilidad son temas interrelacionados que han sido objeto de investigación en los últimos años. Los estudios han demostrado que el bienestar de los empleados y el cuidado del medio ambiente son factores críticos para lograr la sostenibilidad empresarial. El bienestar de los empleados se correlaciona positivamente con la sostenibilidad empresarial, lo que sugiere que el bienestar de los empleados es un componente crítico para la sostenibilidad empresarial. Las empresas que adoptan prácticas ambientales sostenibles también tienen mejor desempeño en términos de bienestar de los empleados. Además, la cultura organizacional centrada en el bienestar de los empleados tiene un impacto positivo en la sostenibilidad empresarial.

La relación entre el bienestar empresarial y la sostenibilidad es cada vez más reconocida como un factor crítico para el desarrollo organizacional a largo plazo. Según Konieczny et al. (2023), el bienestar de los empleados es fundamental para el desarrollo sostenible de las empresas, ya que contribuye significativamente a la productividad y lealtad del personal. Este estudio destaca que la implementación de programas de bienestar corporativo no solo mejora la satisfacción y el rendimiento de los empleados, sino que también fortalece la capacidad de la empresa para operar de manera efectiva en condiciones de incertidumbre. Al mejorar la calidad del trabajo y el compromiso de los empleados, las empresas pueden asegurar una ventaja competitiva sostenible (Konieczny et al., 2023).

Además, el bienestar en el lugar de trabajo está intrínsecamente ligado a los indicadores clave de rendimiento en las divulgaciones de sostenibilidad corporativa. Dolcini et al. (2023) señalan que la medición del bienestar y la salud de los empleados es un componente central de la sostenibilidad social, tal como lo establecen los Objetivos de Desarrollo Sostenible (ODS). Este análisis revela que, aunque muchas grandes empresas europeas incorporan aspectos de bienestar en sus informes de sostenibilidad, todavía existe una necesidad significativa de desarrollar indicadores más comprensivos que reflejen plenamente el bienestar de los empleados. La adopción de estándares internacionales como ISO 45001 y las métricas del Global Reporting Initiative (GRI) es crucial para mejorar la transparencia y la eficacia de las prácticas de sostenibilidad en el ámbito empresarial (Dolcini et al., 2023).

La literatura científica sugiere que el bienestar empresarial y la sostenibilidad están estrechamente relacionados y son factores críticos para el éxito a largo plazo de una empresa. Los empleados felices y saludables son más productivos y comprometidos, lo que a su vez puede mejorar el desempeño financiero de la empresa. Además, las empresas que adoptan prácticas sostenibles pueden mejorar su reputación y reducir su impacto en el medio ambiente, lo que a su vez puede mejorar la percepción de la marca y aumentar la lealtad de los clientes. En general, la investigación sugiere que la sostenibilidad empresarial y el bienestar de los empleados son factores críticos para el éxito empresarial y deberían ser considerados en la estrategia de cualquier empresa.

La relación entre el bienestar empresarial y la sostenibilidad es cada vez más importante en el mundo empresarial actual. Los estudios revisados indican que las empresas que priorizan el bienestar de sus empleados, las comunidades y el medio ambiente pueden obtener beneficios financieros y no financieros significativos a largo plazo. La integración de la sostenibilidad en la estrategia de bienestar empresarial es crucial para crear valor compartido y promover un desarrollo sostenible.

Los estudios demuestran que hay una relación positiva entre el bienestar empresarial y la sostenibilidad, especialmente en términos de rendimiento financiero y reputación de la empresa. Además, la cultura de sostenibilidad y el liderazgo sostenible son factores clave para lograr una gestión empresarial sostenible y un bienestar sostenible de los empleados. También se ha encontrado que la innovación juega un papel importante en la mejora de la sostenibilidad y el rendimiento empresarial.

En conclusión, la sostenibilidad puede tener un efecto positivo en el bienestar empresarial a través de diversas vías, como la mejora del bienestar de los empleados, la reputación y la lealtad de los clientes, y la aceptación social. Sin embargo, la relación puede depender de factores contextuales específicos y se necesita más investigación para comprender mejor esta relación compleja.

4.4.3.1 Ejemplos de empresas que han mejorado su bienestar empresarial a través de prácticas sostenibles

En los últimos años, se ha evidenciado que la sostenibilidad y el bienestar empresarial están estrechamente relacionados. Varias empresas han logrado mejorar su bienestar empresarial a través de prácticas sostenibles. Por ejemplo, según un estudio realizado por PwC en 2020, la empresa Unilever ha logrado aumentar su rentabilidad a través de prácticas sostenibles, lo que ha mejorado su bienestar empresarial (PwC, 2020). Otra empresa que ha mejorado su bienestar empresarial gracias a la sostenibilidad es Patagonia, que ha logrado crecer en ventas al implementar prácticas sostenibles y responsables. Asimismo, Ikea ha mejorado su bienestar empresarial a través de prácticas sostenibles, como la implementación de energías renovables en sus tiendas y la promoción de la economía circular.

En conclusión, cada vez son más las empresas que han comprendido la importancia de implementar prácticas sostenibles para mejorar su bienestar empresarial. Empresas como Unilever, Patagonia e Ikea son ejemplos claros de cómo las prácticas sostenibles pueden mejorar el bienestar empresarial, lo que demuestra que la sostenibilidad y el bienestar empresarial están estrechamente relacionados. Esto indica que implementar prácticas sostenibles no solo es beneficioso para el medio ambiente, sino que también es una inversión en la propia empresa, lo que puede mejorar su rentabilidad, su reputación y su valor a largo plazo.

Otro ejemplo de empresa que ha mejorado su bienestar empresarial a través de prácticas sostenibles es Patagonia, una compañía estadounidense de ropa *outdoor*. Patagonia ha implementado una serie de iniciativas sostenibles en su cadena de suministro y operaciones, tales como el uso de materiales reciclados en sus productos, la eliminación de productos químicos tóxicos y la inversión en energías renovables para sus fábricas y tiendas. Estas prácticas han mejorado la reputación de la empresa y han atraído a consumidores comprometidos con la sostenibilidad, lo que ha llevado a un aumento en las ventas y el éxito empresarial.

En resumen, hay varios ejemplos de empresas que han mejorado su bienestar empresarial a través de prácticas sostenibles. Estas empresas han logrado mejorar su reputación, atraer a consumidores comprometidos con la sostenibilidad y aumentar su éxito empresarial, demostrando que la sostenibilidad y el bienestar empresarial no son objetivos contradictorios, sino que están estrechamente relacionados.

4.5 El liderazgo sostenible

El liderazgo sostenible es un tema de creciente interés en la gestión empresarial y la investigación en los últimos años. Los estudios han demostrado que un liderazgo sostenible puede tener un impacto positivo en la sostenibilidad empresarial y en la creación de valor a largo plazo. Los líderes sostenibles promueven prácticas éticas, transparentes y responsables en la toma de decisiones y en la gestión de los recursos.

La implementación de estrategias de liderazgo sostenible puede tener un efecto positivo en la percepción de los empleados sobre la sostenibilidad de la empresa, mejorando su compromiso y desempeño. El liderazgo sostenible es fundamental en la transición hacia una economía circular, ayudando a las empresas a integrar la sostenibilidad en su estrategia y operaciones. La literatura también destaca la importancia de la colaboración y el diálogo entre los líderes y las partes interesadas para fomentar la sostenibilidad en la empresa.

El liderazgo sostenible ha emergido como un enfoque clave para guiar a las organizaciones en la integración de prácticas que no solo son rentables, sino también responsables desde el punto de vista social y ambiental. Según Chaudhry y Noureen (2023), el liderazgo sostenible permite a las organizaciones implementar soluciones más firmes y resilientes que satisfacen las necesidades de todos los grupos de interés. Estos líderes deben alejarse de la tradicional visión del liderazgo como un medio para controlar a los empleados, y en su lugar, adoptar una perspectiva que valore la sostenibilidad como un pilar central en la toma de decisiones y en la gestión organizacional (Chaudhry & Noureen, 2023).

Por otro lado, Waldner (2023) destaca la importancia de la resiliencia como un componente esencial del liderazgo sostenible, especialmente en el contexto de crisis globales como la pandemia de COVID-19. La resiliencia, definida como la capacidad de adaptarse y enfrentar situaciones cambiantes y de incertidumbre, es crucial tanto a nivel organizacional como personal para los líderes. En este contexto, las virtudes de la esperanza y la paciencia juegan un papel fundamental en la creación de un liderazgo sostenible, ya que permiten a los líderes mantener una perspectiva a largo plazo y regenerar sus energías frente a las dificultades (Waldner, 2023).

En general, los estudios apuntan a que el liderazgo sostenible puede ser un factor clave para promover una gestión empresarial sostenible y responsable.

En conclusión, el liderazgo sostenible es un factor clave para promover la sostenibilidad empresarial y la creación de valor a largo plazo. Los líderes sostenibles promueven prácticas éticas, transparentes y responsables en la toma de decisiones y en la gestión de los recursos, lo que puede tener un efecto positivo en la percepción de los empleados sobre la sostenibilidad de la empresa y mejorar su compromiso y desempeño. Además, la implementación de estrategias de liderazgo sostenible puede ayudar a las empresas a integrar la sostenibilidad en su estrategia y operaciones, lo que es fundamental en la transición hacia una economía circular. Por lo tanto, se recomienda a las empresas que fomenten el liderazgo sostenible y la colaboración con las partes interesadas para promover la sostenibilidad empresarial y la creación de valor a largo plazo.

4.5.1 El papel del liderazgo en la sostenibilidad empresarial

El liderazgo es un elemento clave en la implementación de prácticas sostenibles en las empresas. La literatura ha destacado la importancia del liderazgo en la promoción de una cultura organizacional orientada hacia la sostenibilidad y en la toma de decisiones estratégicas en este ámbito.

El liderazgo ético y transformacional puede tener un efecto positivo en el desempeño ambiental de las empresas en un contexto en el que la influencia del liderazgo en la adopción de prácticas sostenibles es especialmente relevante en las pequeñas y medianas empresas.

Asimismo, se ha destacado la importancia de la participación del liderazgo en la definición de la estrategia de sostenibilidad de la empresa, la asignación de recursos y la toma de decisiones en este ámbito. Además, el liderazgo puede tener un papel fundamental en la creación de alianzas y colaboraciones con otros actores relevantes para avanzar en la sostenibilidad empresarial.

En este sentido, se ha identificado la necesidad de desarrollar y fomentar competencias de liderazgo en sostenibilidad entre los directivos y líderes empresariales, así como de integrar la sostenibilidad en la formación y el desarrollo de los líderes empresariales.

El liderazgo juega un papel fundamental en la promoción de la sostenibilidad dentro de las empresas, actuando como un catalizador para integrar prácticas sostenibles en todas las áreas de la organización. Según Liu et al. (2023), la implementación de prácticas de gestión de recursos humanos verdes, la innovación verde y un liderazgo responsable son elementos clave que influyen positivamente en la sostenibilidad empresarial. Estos enfoques no solo mejoran el rendimiento sostenible de la empresa, sino que también contribuyen a una mayor satisfacción de los stakeholders y a un mejor desempeño financiero. La investigación subraya la importancia de un liderazgo que promueva conductas proambientales entre los empleados, lo cual actúa como mediador en la relación entre el liderazgo y la sostenibilidad empresarial (Liu et al., 2023).

Por otro lado, Ene (2023) destaca que el liderazgo sostenible es una estrategia clave para las empresas europeas que buscan equilibrar los objetivos económicos a corto plazo con el desarrollo sostenible a largo plazo. Este enfoque implica la identificación y gestión de riesgos y oportunidades relacionadas con la sostenibilidad, lo que permite a las empresas adaptarse a las demandas de los consumidores y a las regulaciones ambientales cada vez más estrictas. La investigación muestra una conexión directa entre la autoidentificación con comportamientos sostenibles y los valores de sostenibilidad entre los líderes empresariales, lo que sugiere que la integración de estos valores en la cultura organizacional es esencial para el éxito a largo plazo (Ene, 2023).

En resumen, la literatura ha destacado el papel fundamental del liderazgo en la promoción de prácticas sostenibles en las empresas, tanto en la definición de la estrategia de sostenibilidad como en la creación de una cultura organizacional orientada hacia la sostenibilidad y en la toma de decisiones estratégicas en este ámbito.

4.5.1.1 Cómo desarrollar líderes sostenibles

La sostenibilidad empresarial se ha vuelto una necesidad y una expectativa por parte de los diferentes grupos de interés de las empresas. Por ello, el liderazgo sostenible es una de las competencias clave que los líderes empresariales deben desarrollar para responder a esta demanda. Algunos autores han sugerido que para desarrollar líderes sostenibles se requiere de un enfoque integral, que incluya no sólo la adquisición de conocimientos teóricos, sino también la práctica y el *feedback*.

Además, se ha identificado que para desarrollar líderes sostenibles se deben tener en cuenta factores como el compromiso y la motivación, la ética y la responsabilidad social, el desarrollo de habilidades sociales y emocionales, la capacidad de liderar el cambio y la innovación, y la orientación a la acción.

En este sentido, algunos estudios han demostrado que el desarrollo de líderes sostenibles puede tener un impacto positivo en la sostenibilidad empresarial, al mejorar la cultura organizacional, la innovación, la eficiencia y la productividad, así como al aumentar la confianza y la lealtad de los empleados y otros grupos de interés. Además, se ha encontrado que el liderazgo sostenible puede ayudar a las empresas a enfrentar desafíos globales como el cambio climático, la escasez de recursos y la inequidad social.

Desarrollar líderes sostenibles implica una combinación de estrategias educativas y prácticas que fomenten la adopción de valores sostenibles en todos los niveles organizacionales. Es fundamental cultivar una mentalidad global y ética entre los líderes, que se centre en la responsabilidad moral y la compasión hacia el entorno y la sociedad. Este enfoque no solo ayuda a los líderes a superar las demandas financieras a corto plazo, sino que también los orienta hacia un enfoque equilibrado que considera el impacto social, ambiental y económico de sus decisiones. Para lograr esto, es esencial integrar métodos educativos que promuevan la autoobservación, el aprendizaje experiencial y el compromiso comunitario en el desarrollo de liderazgo.

Por otro lado, Sheridan, Miller y Satterwhite (2023) proponen que la educación para el liderazgo sostenible debería estar alineada con los Objetivos de Desarrollo Sostenible (ODS) de las Naciones Unidas. Al centrar la formación de líderes en estos objetivos, se asegura que los futuros líderes estén equipados con las habilidades y mentalidades necesarias para abordar los complejos desafíos globales del siglo XXI. Esta perspectiva educativa no solo prepara a los líderes para implementar prácticas sostenibles en sus organizaciones, sino que también los capacita para liderar cambios que contribuyan significativamente al desarrollo sostenible en un contexto global (Sheridan, Miller, & Satterwhite, 2023).

En conclusión, el desarrollo de líderes sostenibles es un factor clave para la sostenibilidad empresarial. Para lograrlo, es necesario un enfoque integral que incluya no sólo el conocimiento teórico, sino también la práctica y el *feedback*, y que tenga en cuenta factores como el compromiso y la motivación, la ética y la responsabilidad social, el desarrollo de habilidades sociales y emocionales, la capacidad de liderar el cambio y la innovación, y la orientación a la acción. Un liderazgo sostenible puede tener un impacto positivo en la cultura organizacional, la innovación, la eficiencia y la productividad de las empresas, así como en la confianza y la lealtad de los empleados y otros grupos de interés, y puede ayudar a enfrentar desafíos globales como el cambio climático, la escasez de recursos y la inequidad social.

En esencia, el desarrollo de líderes sostenibles es un aspecto fundamental para lograr la sostenibilidad empresarial. Los líderes sostenibles deben ser capaces de liderar con una visión de largo plazo y considerar los impactos sociales y ambientales de sus decisiones. La educación y el desarrollo personal, la formación en competencias sostenibles y la implementación de prácticas organizativas sostenibles son algunas de las estrategias clave que se pueden utilizar para fomentar el desarrollo de líderes sostenibles.

La educación y el desarrollo personal son clave para fomentar líderes sostenibles. Las empresas pueden fomentar el desarrollo de líderes sostenibles a través de prácticas organizativas que apoyen la sostenibilidad. En general, el desarrollo de líderes sostenibles es fundamental para lograr la sostenibilidad empresarial y se puede lograr a través de la educación, el desarrollo personal, la formación en competencias sostenibles y la implementación de prácticas organizativas sostenibles.

4.6 Preguntas variadas sobre sostenibilidad

A continuación, se presentan algunas preguntas relacionadas con la sostenibilidad, con sus respectivas respuestas de forma breve.

1. ¿Cuáles son los beneficios financieros de implementar prácticas sostenibles en una empresa?

Según un estudio de la Universidad de Harvard, las empresas que implementan prácticas sostenibles tienen un rendimiento financiero superior al de las empresas que no lo hacen. Además, la sostenibilidad empresarial puede reducir costes operativos y mejorar la eficiencia energética.

2. ¿Cómo puede la sostenibilidad empresarial mejorar la relación de la empresa con sus *stakeholders*?

La sostenibilidad empresarial puede mejorar la relación de la empresa con sus *stakeholders* al aumentar la transparencia y la responsabilidad empresarial, al tiempo que reduce los riesgos reputacionales. Además, puede mejorar la satisfacción del cliente y la lealtad hacia la empresa.

3. ¿Qué papel juegan los indicadores de sostenibilidad en la gestión empresarial?

Los indicadores de sostenibilidad son herramientas clave en la gestión empresarial sostenible, ya que permiten medir y monitorear el desempeño sostenible de una empresa y compararlo con el de sus competidores. Los indicadores también pueden ayudar a la empresa a identificar oportunidades de mejora y a tomar decisiones basadas en datos.

Los indicadores de sostenibilidad son una herramienta clave en la gestión empresarial para medir el impacto ambiental, social y económico de las actividades empresariales y orientar las decisiones hacia prácticas más sostenibles.

En resumen, los indicadores de sostenibilidad son una herramienta clave en la gestión empresarial para medir y orientar las prácticas hacia prácticas más sostenibles. La selección de los indicadores más adecuados debe considerar la perspectiva económica, social y ambiental, la participación de las partes interesadas y su integración en la estrategia empresarial y en los sistemas de información empresarial. La medición de la huella de carbono es un indicador clave de sostenibilidad que debe ser considerado en la gestión empresarial.

4. ¿Cuál es la importancia de la innovación en la sostenibilidad empresarial? La innovación es esencial para la sostenibilidad empresarial, ya que puede ayudar a las empresas a desarrollar soluciones sostenibles y a adaptarse a los cambios en el mercado y en el entorno empresarial. La innovación también puede mejorar la eficiencia energética, reducir costes y mejorar la competitividad.

5. ¿Cómo puede la sostenibilidad empresarial contribuir a la resolución de problemas globales como el cambio climático y la pobreza?

La sostenibilidad empresarial puede contribuir a la resolución de problemas globales al promover prácticas sostenibles y responsables en la producción y el consumo, y al involucrar a las empresas en esfuerzos de cooperación para abordar estos desafíos. Además, las empresas pueden desempeñar un papel importante en la creación de empleo y la reducción de la pobreza mediante la promoción de prácticas comerciales justas y sostenibles.

6. ¿Cómo se relacionan la innovación, el liderazgo, la gestión del cambio y la sostenibilidad?

La innovación es esencial para el éxito empresarial y puede ser un motor importante para la sostenibilidad, ya que permite a las empresas desarrollar nuevos productos, servicios o procesos que tienen un menor impacto ambiental o que promueven prácticas más sostenibles. El liderazgo es fundamental para guiar a las empresas hacia la sostenibilidad y fomentar una cultura empresarial que priorice la sostenibilidad. La gestión del cambio es necesaria para implementar iniciativas sostenibles y para garantizar que las empresas puedan adaptarse a los cambios en el entorno empresarial y en las expectativas de los consumidores y las partes interesadas. Finalmente, la sostenibilidad es la meta final, que implica la creación de empresas que sean socialmente responsables, respetuosas con el medio ambiente y económicamente viables a largo plazo. Estos elementos están interrelacionados y son importantes para garantizar la sostenibilidad empresarial a largo plazo.

7. ¿Qué indicadores pueden emplearse de excelencia empresarial sobre sostenibilidad?

Entre otros, pueden emplearse los indicadores siguientes:

- **Huella de carbono:** es la cantidad total de emisiones de gases de efecto invernadero emitidas directa o indirectamente por una empresa. Se calcula en toneladas de CO_2 equivalente.

- **Consumo de agua:** es la cantidad de agua utilizada por la empresa en sus procesos productivos, incluyendo la cantidad de agua utilizada en el riego y la agricultura. Se calcula en metros cúbicos.

- **Residuos generados:** es la cantidad de residuos generados por la empresa, incluyendo residuos sólidos, líquidos y peligrosos. Se calcula en toneladas.

- **Energía renovable utilizada:** es la cantidad de energía renovable utilizada por la empresa, como la energía solar, eólica e hidroeléctrica, en comparación con la energía total utilizada. Se calcula en porcentaje.

- **Reciclaje:** es la cantidad de materiales reciclados por la empresa en comparación con la cantidad total de residuos generados. Se calcula en porcentaje.

- **Responsabilidad social corporativa:** es la medida en que la empresa se involucra en actividades que benefician a la sociedad, como la donación a organizaciones benéficas y la promoción de prácticas justas de trabajo. Se calcula en porcentaje de la inversión total.

- **Certificaciones ambientales:** es la cantidad de certificaciones ambientales obtenidas por la empresa, como la certificación ISO 14001. Se calcula en número.

- **Impacto social:** es la medida en que la empresa tiene un impacto positivo en la sociedad en general, como la creación de empleos y la promoción de la diversidad e inclusión en el lugar de trabajo. Se calcula en porcentaje.

- **Innovación sostenible:** es la cantidad de recursos dedicados por la empresa a la investigación y el desarrollo de tecnologías sostenibles y productos innovadores. Se calcula en porcentaje de la inversión total.

- **Transparencia y ética:** es la medida en que la empresa es transparente en sus operaciones y se adhiere a prácticas éticas en todos sus aspectos, incluyendo la gestión de riesgos y la toma de decisiones. Se calcula en porcentaje de la inversión total.

Cada uno de estos indicadores puede ser utilizado de forma aislada o en conjunto para evaluar la sostenibilidad de una empresa y su compromiso con el medio ambiente y la sociedad.

4.7 Casos de éxito de sostenibilidad

4.7.1 Caso de éxito hipotético de sostenibilidad

Imaginemos una empresa de moda que se ha comprometido a ser más sostenible en su cadena de suministro y procesos de producción. Esta empresa ha desarrollado una estrategia a largo plazo que incluye objetivos claros y medibles para reducir su impacto ambiental y social, al mismo tiempo que mejora su rentabilidad y crea valor para sus clientes y partes interesadas.

La empresa ha implementado varias iniciativas para lograr su objetivo de sostenibilidad. En primer lugar, ha invertido en tecnología de punta para reducir el consumo de energía y agua en sus fábricas. También ha implementado prácticas de gestión de residuos y reciclaje para reducir su impacto ambiental. Además, ha establecido una política de compras responsables y ha trabajado estrechamente con sus proveedores para asegurarse de que cumplan con los estándares de sostenibilidad y ética.

Además, la empresa ha lanzado una campaña de conciencia y educación dirigida a sus clientes para fomentar un estilo de vida más sostenible. La campaña incluye consejos para el cuidado de la ropa, la promoción de la economía circular y la reducción de los residuos.

Estas iniciativas han llevado a la empresa a ser reconocida como líder en sostenibilidad en la industria de la moda. Sus clientes la prefieren por su compromiso con la sostenibilidad, lo que ha llevado a un aumento en las ventas y la lealtad de los clientes. Además, la empresa ha logrado mejorar su rentabilidad a través de la reducción de costes de producción y la eficiencia energética.

En comparación con los casos hipotéticos anteriores, el éxito de la empresa de moda en la sostenibilidad se debe a su enfoque en la integración de la sostenibilidad en todas las áreas de su negocio. La empresa ha logrado reducir su impacto ambiental y social a través de la adopción de prácticas responsables y ha creado valor para sus clientes y partes interesadas. Su estrategia de sostenibilidad a largo plazo le ha permitido diferenciarse en un mercado competitivo y atraer a una base de clientes cada vez más amplia.

4.7.2 Caso de éxito real de sostenibilidad

Un caso de éxito real en sostenibilidad empresarial es el de Patagonia, una empresa de ropa y accesorios para actividades al aire libre que ha sido reconocida como líder en sostenibilidad en la industria.

Patagonia ha implementado varias iniciativas para reducir su impacto ambiental y social. En primer lugar, ha adoptado prácticas de gestión de la cadena de suministro responsables, asegurándose de que sus proveedores cumplan con los estándares éticos y ambientales. También ha invertido en tecnología de punta para reducir el consumo de energía y agua en sus procesos de producción, y ha implementado prácticas de reciclaje y gestión de residuos en sus instalaciones.

Además, Patagonia ha adoptado una postura de liderazgo en la promoción de políticas ambientales y sociales. Ha donado el 1% de sus ventas a organizaciones que trabajan en la conservación y restauración del medio ambiente, y ha lanzado varias campañas de conciencia dirigidas a sus clientes para fomentar un estilo de vida más sostenible.

El éxito de Patagonia en sostenibilidad se debe a su enfoque integral y a largo plazo en la integración de la sostenibilidad en todas las áreas de su negocio. Ha logrado reducir significativamente su impacto ambiental y social a través de prácticas responsables y ha creado valor para sus clientes y partes interesadas.

En comparación con el caso hipotético anterior, el éxito de Patagonia en sostenibilidad se debe a su enfoque en la innovación y la colaboración con sus partes interesadas, incluyendo a sus proveedores y clientes. Patagonia ha establecido una reputación de liderazgo en sostenibilidad y ha sido reconocida por sus esfuerzos por promover la responsabilidad ambiental y social en toda la industria. Esto ha llevado a una mayor lealtad de los clientes y una ventaja competitiva sostenible.

4.7.3 Caso de éxito de sostenibilidad en el deporte

Un caso de éxito de sostenibilidad en el deporte es el estadio Allianz Arena en Múnich, Alemania, hogar del club de fútbol Bayern Múnich. El estadio fue diseñado para ser una instalación deportiva de última generación con un enfoque en la sostenibilidad y la eficiencia energética.

El Allianz Arena utiliza tecnología de punta para reducir su consumo de energía y agua, incluyendo un sistema de iluminación LED altamente eficiente y un sistema de gestión de energía que ajusta automáticamente el consumo de energía según la demanda. Además, el estadio tiene su propia planta de energía solar en el techo, que proporciona energía limpia y renovable para el funcionamiento diario del estadio.

Otra innovación sostenible del estadio es su sistema de gestión de residuos, que incluye la recolección selectiva de residuos y su reciclaje y reutilización en el estadio o en otras instalaciones cercanas.

El Allianz Arena también se ha enfocado en la promoción de la movilidad sostenible, con un sistema de transporte público eficiente y accesible para los espectadores y la instalación de estaciones de carga para vehículos eléctricos en el estacionamiento.

El éxito del Allianz Arena en sostenibilidad se debe a su enfoque integral en la eficiencia energética y la gestión de residuos, así como su compromiso con la promoción de la movilidad sostenible. Además, el estadio ha establecido un ejemplo positivo para la industria del deporte y ha sido reconocido por su compromiso con la sostenibilidad, lo que ha llevado a una mayor lealtad y apoyo de los fans del Bayern Múnich.

4.8 Preguntas de reflexión

Los autores proponen varias preguntas de reflexión para seguir profundizando en el importante tema abordado en este capítulo.

1. ¿Cuál es la importancia de la sostenibilidad en el contexto actual y cómo afecta a nuestras vidas diarias?

2. ¿Cuáles son los principales desafíos y obstáculos para lograr un desarrollo sostenible a nivel global?

3. ¿Cómo se pueden conciliar los objetivos económicos con la protección del medio ambiente y la equidad social?

4. ¿Qué papel juegan las empresas en la promoción de prácticas sostenibles y cuáles son las mejores estrategias para fomentar la responsabilidad corporativa?

5. ¿Cuál es el papel de la educación en la promoción de la sostenibilidad y cómo se pueden incorporar estos temas de manera efectiva en los programas educativos?

6. ¿Cuáles son los principales beneficios y desafíos de la transición hacia fuentes de energía renovable y la reducción de la dependencia de los combustibles fósiles?

7. ¿Cuáles son las implicaciones sociales y ambientales de la producción y consumo masivo, y cómo se pueden promover prácticas más sostenibles en este ámbito?

8. ¿Qué medidas se pueden implementar a nivel gubernamental para promover la sostenibilidad y garantizar una gestión adecuada de los recursos naturales?

9. ¿Cuál es la relación entre la sostenibilidad y la justicia ambiental, y cómo se pueden abordar las desigualdades socioambientales de manera efectiva?

10. ¿Cuál es el papel de la innovación y la tecnología en la promoción de soluciones sostenibles y cómo podemos fomentar la adopción de estas tecnologías a nivel global?

4.9 Preguntas integradoras de todo el libro

Como cierre del libro, los autores sugieren disímiles preguntas para seguir profundizando en la integración de los contenidos abordados en libro.

1. **Elabore una figura que relacione gráficamente la gestión del cambio, innovación, liderazgo, sostenibilidad y excelencia empresarial. Comente brevemente esta relación.**

En la Figura 4 se ilustra las relaciones entre gestión del cambio, innovación, liderazgo, sostenibilidad y excelencia empresarial.

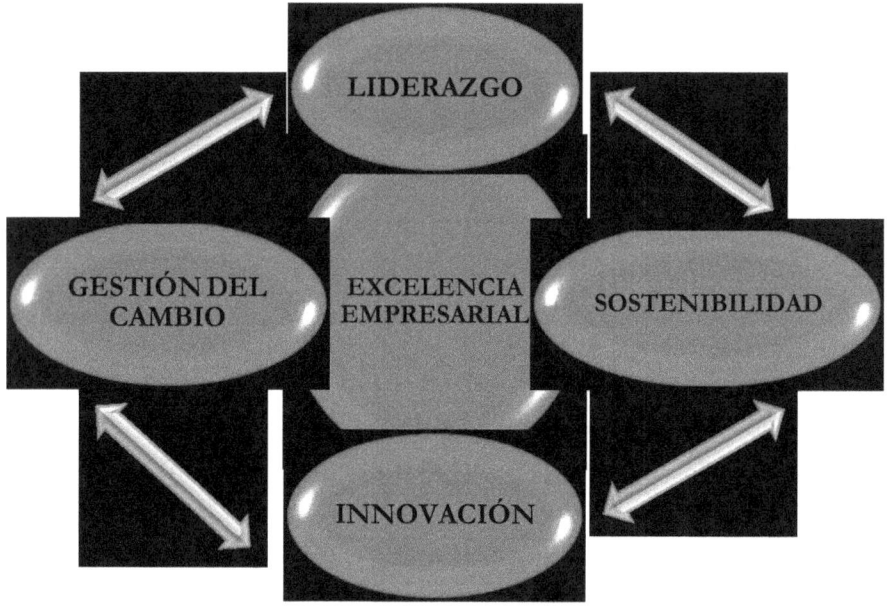

Figura 4. Relaciones entre gestión del cambio, innovación, liderazgo, sostenibilidad y excelencia empresarial.

Como comentarios de la Figura 4, puede señalarse que la innovación es la base de la sostenibilidad. La innovación da lugar a nuevos productos y servicios que pueden ayudar a las empresas a reducir su impacto ambiental. La gestión del cambio es el proceso de aplicar nuevas innovaciones y asegurarse de que los empleados están de acuerdo con los cambios. El liderazgo es esencial para impulsar la innovación y la gestión del cambio. Los líderes deben crear una cultura de la innovación y apoyar a los empleados dispuestos a asumir riesgos. La sostenibilidad es el objetivo de todos estos esfuerzos. Innovando, cambiando y liderando, las empresas pueden crear un futuro más sostenible.

2. ¿Qué es más importante para una empresa de excelencia, la innovación, la gestión del cambio, el liderazgo o la sostenibilidad?

Todos estos factores son importantes para una empresa de excelencia, pero es difícil decir definitivamente cuál es el más importante. La innovación es esencial para crear nuevos productos y servicios que ayuden a las empresas a mantenerse por delante de la competencia. La gestión del cambio es esencial para aplicar nuevas innovaciones y garantizar que los empleados estén de acuerdo con los cambios. El liderazgo es esencial para impulsar la innovación y la gestión del cambio. La sostenibilidad es esencial para crear un futuro más sostenible para la empresa y el mundo.

En última instancia, el factor más importante para una empresa de excelencia es la combinación de todos estos factores. Una empresa que destaca en innovación, gestión del cambio, liderazgo y sostenibilidad está bien posicionada para el éxito en el futuro.

He aquí algunas reflexiones adicionales sobre la importancia de cada factor:

- La innovación es importante porque permite a las empresas crear nuevos productos y servicios que pueden satisfacer las necesidades de sus clientes. La innovación también puede ayudar a las empresas a reducir sus costes y mejorar su eficiencia.

- La gestión del cambio es importante porque permite a las empresas aplicar nuevas innovaciones y asegurarse de que los empleados están de acuerdo con los cambios. La gestión del cambio puede ser un proceso difícil, pero es esencial para garantizar el éxito de las innovaciones.

- El liderazgo es importante porque permite a las empresas impulsar la innovación y la gestión del cambio. Los líderes deben crear una cultura de innovación y apoyar a los empleados dispuestos a asumir riesgos. También deben ser capaces de comunicar las ventajas de la innovación y el cambio a los empleados y las partes interesadas.

- La sostenibilidad es importante porque permite a las empresas crear un futuro más sostenible para sí mismas y para el mundo. La sostenibilidad puede lograrse reduciendo el impacto medioambiental, mejorando la responsabilidad social y creando una sociedad más equitativa y justa.

Las empresas que destacan en todos estos factores están bien posicionadas para tener éxito en el futuro. Estas empresas son capaces de adaptarse al cambio, crear nuevos productos y servicios, reducir su impacto medioambiental y crear un futuro más sostenible.

3. **Cree una tabla que haga una breve descripción y resuma los beneficios de la innovación, la gestión del cambio, el liderazgo y la sostenibilidad.**

Tabla 1. Resumen de la descripción y los beneficios de la innovación, la gestión del cambio, el liderazgo y la sostenibilidad.

Factor	Descripción	Beneficios
Innovación	Proceso de creación de nuevos productos, servicios o procesos.	Puede ayudar a las empresas a mejorar su eficiencia, reducir sus costes y crear nuevos mercados. También pueden ayudar a las empresas a reducir su impacto medioambiental desarrollando nuevas tecnologías más sostenibles.

Gestión del cambio	El proceso de implantar nuevas innovaciones y asegurarse de que los empleados están de acuerdo con los cambios.	Puede ser un proceso difícil, pero es esencial para garantizar el éxito de las innovaciones. La gestión del cambio puede facilitarse creando una cultura de la innovación y apoyando a los empleados dispuestos a asumir riesgos.
Liderazgo	Esencial para impulsar la innovación y la gestión del cambio. Los líderes deben crear una cultura de la innovación y apoyar a los empleados dispuestos a asumir riesgos. Los líderes también deben ser capaces de comunicar los beneficios de la innovación y el cambio a los empleados y las partes interesadas.	Puede ayudar a las empresas a alcanzar sus metas y objetivos. Puede ayudar a las empresas a crear un futuro más sostenible.
Sostenibilidad	El objetivo de todos estos esfuerzos. Innovando, cambiando y liderando, las empresas pueden crear un futuro más sostenible. La sostenibilidad puede lograrse reduciendo el impacto medioambiental,	Puede ayudar a las empresas a ahorrar dinero en energía y otros costes. Puede ayudar a las empresas a mejorar su reputación y atraer nuevos clientes.

	mejorando la responsabilidad social y creando una sociedad más equitativa y justa.	Pueden ayudar a las empresas a crear un futuro más sostenible para sí mismas y para el mundo.

4. **¿Por qué es importante para las empresas destacarse en innovación, gestión del cambio, liderazgo y sostenibilidad?**

La **innovación** es el proceso de creación de nuevos productos, servicios o procesos. La innovación puede ayudar a las empresas a mejorar su eficiencia, reducir sus costes y crear nuevos mercados. La innovación también puede ayudar a las empresas a reducir su impacto medioambiental desarrollando nuevas tecnologías más sostenibles.

La **gestión del cambio** es el proceso de aplicar nuevas innovaciones y asegurarse de que los empleados están de acuerdo con los cambios. La gestión del cambio puede ser un proceso difícil, pero es esencial para garantizar el éxito de las innovaciones. La gestión del cambio puede facilitarse creando una cultura de la innovación y apoyando a los empleados dispuestos a asumir riesgos.

El **liderazgo** es esencial para impulsar la innovación y la gestión del cambio. Los líderes deben crear una cultura de innovación y apoyar a los empleados dispuestos a asumir riesgos. También deben ser capaces de comunicar las ventajas de la innovación y el cambio a los empleados y las partes interesadas.

La **sostenibilidad** es el objetivo de todos estos esfuerzos. Innovando, cambiando y liderando, las empresas pueden crear un futuro más sostenible. La sostenibilidad puede lograrse reduciendo el impacto medioambiental, mejorando la responsabilidad social y creando una sociedad más equitativa y justa.

Las empresas que destacan en innovación, gestión del cambio, liderazgo y sostenibilidad están bien posicionadas para triunfar en el futuro. Estas empresas son capaces de adaptarse al cambio, crear nuevos productos y servicios y reducir su impacto medioambiental. También son capaces de atraer y retener a los mejores talentos, establecer relaciones sólidas con los clientes y las partes interesadas, y crear un futuro más sostenible.

4.10 Resumen del capítulo

El Capítulo 4 del libro se centra en la sostenibilidad empresarial y su importancia para las empresas en el contexto actual. Comienza con una introducción a la sostenibilidad empresarial, donde se define el concepto y se resalta su relevancia para las organizaciones. Se explora la relación entre la sostenibilidad y la estrategia empresarial, destacando ejemplos de empresas que han incorporado la sostenibilidad en su enfoque estratégico.

El capítulo también aborda la sostenibilidad como motor de la innovación empresarial, subrayando la importancia de la innovación para lograr prácticas más sostenibles. Se presentan ejemplos de innovaciones sostenibles en diferentes industrias, demostrando cómo las empresas pueden ser agentes de cambio en la búsqueda de soluciones sostenibles.

Además, se examina la toma de decisiones empresariales y su relación con la sostenibilidad. Se exploran formas de incorporar la sostenibilidad en la toma de decisiones y se resaltan los beneficios de adoptar enfoques sostenibles en el ámbito empresarial. También se discute la conexión entre el bienestar empresarial y la sostenibilidad, y se presentan ejemplos de empresas que han mejorado su bienestar a través de prácticas sostenibles.

El liderazgo sostenible es otro tema abordado en el capítulo. Se destaca el papel crucial del liderazgo en la promoción de la sostenibilidad empresarial y se ofrecen pautas sobre cómo desarrollar líderes sostenibles.

El capítulo concluye con una serie de preguntas variadas sobre sostenibilidad, casos de éxito de sostenibilidad (tanto hipotéticos como reales), y preguntas de reflexión para que los lectores profundicen en el tema. También se incluyen preguntas integradoras que abarcan todo el libro, y un resumen del capítulo para consolidar los conceptos clave.

En resumen, el Capítulo 4 del libro explora la sostenibilidad empresarial desde diversas perspectivas, destacando su importancia estratégica, su relación con la innovación y la toma de decisiones empresariales, y el papel fundamental del liderazgo en su implementación. Ofrece ejemplos y reflexiones que invitan a los lectores a reflexionar sobre cómo las empresas pueden contribuir a un futuro más sostenible.

Conclusiones

Este libro ofrece una revisión exhaustiva de temas clave para el éxito empresarial en el mundo actual. A través de la revisión de diferentes teorías del liderazgo, concepciones del cambio organizacional, innovación y sostenibilidad empresarial, así como casos de éxito en cada uno de estos temas, se busca motivar al lector a aplicar estos conceptos en su propia vida profesional y empresarial. Además, se presentan preguntas de reflexión, resúmenes de capítulos y referencias bibliográficas para profundizar en cada tema.

En cuanto al liderazgo, se exploran diferentes teorías y se presentan casos de éxito para ilustrar cómo estas teorías pueden ser aplicadas en la práctica empresarial. Respecto al cambio organizacional, se presentan diferentes concepciones y casos de éxito para ilustrar cómo las empresas pueden adaptarse a los cambios del entorno. En relación con la innovación, se presentan diferentes tipos de innovación y casos de éxito para ilustrar cómo las empresas pueden innovar y mantenerse competitivas. Finalmente, referente a la sostenibilidad empresarial, se presenta la importancia de este tema y casos de éxito para ilustrar cómo las empresas pueden ser socialmente responsables y sostenibles.

En resumen, este libro es una guía exhaustiva para aquellos que buscan entender y aplicar conceptos clave para el éxito empresarial en el mundo actual. Con un enfoque académico y profesional, este libro busca motivar al lector a aplicar estos conceptos en su propia vida profesional y empresarial.

Anexos

Anexo 1: Solución al crucigrama sobre liderazgo:

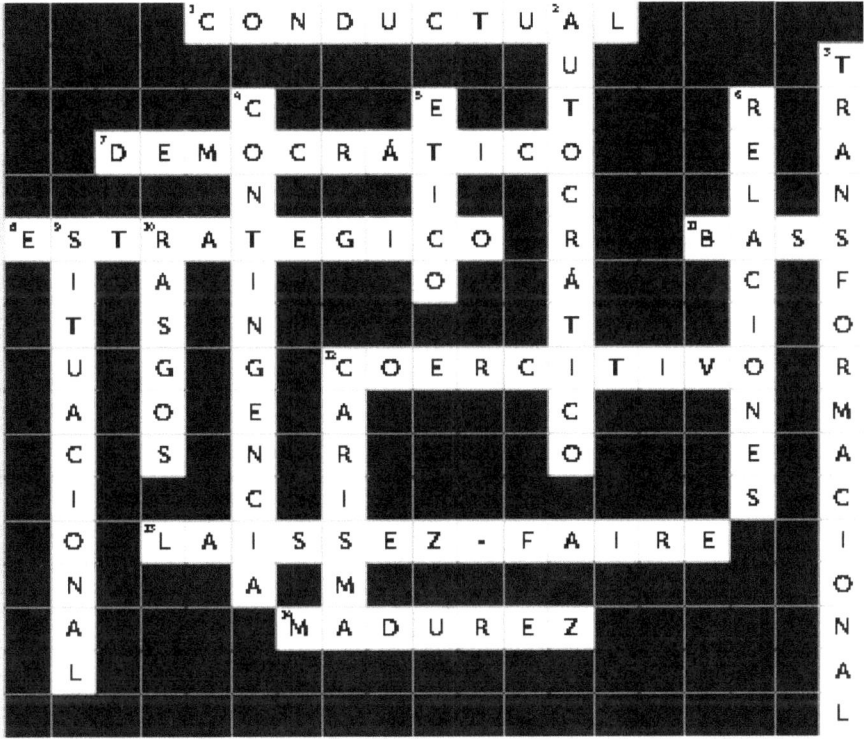

Anexo 2: Solución a la sopa de letras sobre liderazgo.

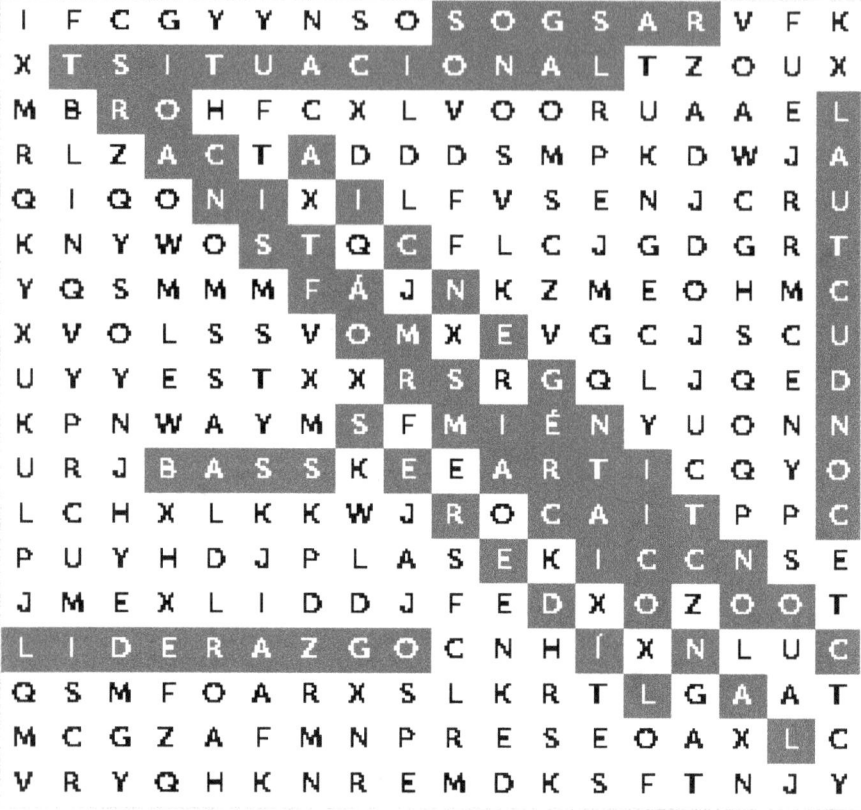

Referencias Bibliográficas

Amanati, H., & Pusparini, N. (2023). THE ROLE OF COMPANY BUSINESS STRATEGY ON SUSTAINABILITY PERFORMANCE. *Jurnal Akuntansi, Keuangan, Perpajakan dan Tata Kelola Perusahaan*. https://doi.org/10.59407/jakpt.v1i2.267.

Antonakis, J., Avolio, B., & Sivasubramaniam, N. (2003). Context and leadership: An examination of the nine-factor full-range leadership theory using the Multifactor Leadership Questionnaire. *Leadership Quarterly*, *14*, 261-295. https://doi.org/10.1016/S1048-9843(03)00030-4.

Beaulieu, N., Silva, J., & Plante, S. (2016). Using a vision of a desired future in climate change adaptation planning: lessons learned in the municipality of Rivière-au-Tonnerre (Québec, Canada). *Climate and Development*, *8*, 447 - 457. https://doi.org/10.1080/17565529.2015.1064807.

Bledow, R., Frese, M., Anderson, N., Erez, M., & Farr, J. (2009). Una perspectiva dialéctica sobre la innovación: Demandas conflictivas, múltiples vías y ambidestreza. *Psicología Industrial y Organizacional*, *2*(4), 305-337. https://doi.org/10.1111/j.1754-9434.2009.01154.x

Bloomberg. (2020). *Bloomberg Innovation Index 2020*. Bloomberg. https://www.bloomberg.com/news/articles/2020-01-18/germanybreaks-korea-s-six-year-streak-as-most-innovative-nation

Boal, K., & Hooijberg, R. (2000). Strategic leadership research: Moving on. *Leadership Quarterly*, *11*, 515-549. https://doi.org/10.1016/S1048-9843(00)00057-6.

Bolis, I., Morioka, S., Leite, W., & Zambroni-de-Souza, P. (2021). Sustainability Is All about Values: The Challenges of Considering Moral and Benefit Values in Business Model Decisions. *Sustainability*. https://doi.org/10.3390/SU13020664.

Brown, M., & Treviño, L. (2006). Ethical leadership: A review and future directions. *Leadership Quarterly*, *17*, 595-616. https://doi.org/10.1016/J.LEAQUA.2006.10.004.

Brown, S., Nataly, N., Lorinkova, M., & LLull, R. (2021). Leadership and virtual team performance: A meta-analytic investigation. European *Journal of Work and Organizational Psychology*, *30*, 672 - 685. https://doi.org/10.1080/1359432X.2021.1914719.

Chaudhry, M., & Noureen, S. (2023). Exploring Sustainable Leadership. *International Journal of Multidisciplinary Research and Analysis*. https://doi.org/10.47191/ijmra/v6-i10-13.

Church, J., Tirrell, A., Moomaw, W., & Ragueneau, O. (2022). *Sustainability*. Routledge Handbook of Global Environmental Politics. https://doi.org/10.4324/9781003008873-20.

Constantin, A. (2023). Sustainable Leadership in European Business Environment. *New Trends in Sustainable Business and Consumption*. https://doi.org/10.24818/basiq/2023/09/052.

Corrigan, P., Diman, S., Campion, J., & Rashid, F. (2002). Transformational Leadership and the Mental Health Team. *Administration and Policy in Mental Health and Mental Health Services Research*, *30*, 97-108. https://doi.org/10.1023/A:1022569617123.

Cui, R., Sun, J., Li, Y., Yang, K., & Wu, X. (2020). *Data-driven approach with artificial neural network for Global Innovation Index re-evaluation.* 2020 6th International Conference on Big Data and Information Analytics (BigDIA), 88-93. https://doi.org/10.1109/BigDIA51454.2020.00022.

Day, D. V., Fleenor, J. W., Atwater, L. E., Sturm, R. E., & McKee, R. A. (2014). Advances in leader and leadership development: A review of 25 years of research and theory. *The Leadership Quarterly*, *25*(1), 63-82. https://doi.org/10.1016/j.leaqua.2013.11.004

Degler, T., Agarwal, N., Nylund, P., & Brem, A. (2021). SUSTAINABLE INNOVATION TYPES: A BIBLIOMETRIC REVIEW. *International Journal of Innovation Management*. https://doi.org/10.1142/s1363919621500961.

Derue, D. S., Nahrgang, J. D., Wellman, N., & Humphrey, S. E. (2011). Trait and behavioral theories of leadership: An integration and meta-analytic test of their relative validity. *Personnel Psychology*, *64*(1), 7-52. https://doi.org/10.1111/j.1744-6570.2010.01201.x

Dietz, T. (2023). *Decisions for Sustainability*. https://doi.org/10.1017/9781009169400.

Dolcini, M., Brambilla, A., Gola, M., & Capolongo, S. (2023). Health and well-being key performance indicators in corporate sustainability disclosure. A review of sustainability reports from a sample of major European companies. *Acta bio-medica: Atenei Parmensis*, 94 S3, e2023132. https://doi.org/10.23750/abm.v94iS3.14334.

Dutta, S., Lanvin, B., & Wunsch-Vincent, S. (Eds.). (2021). *Global Innovation Index 2021: Tracking Innovation through the COVID-19 Crisis.* Ithaca, Fontainebleau, and Geneva: Cornell University, INSEAD, and the World Intellectual Property Organization. Disponible en: https://www.wipo.int/edocs/pubdocs/en/wipo_pub_gii_2021.pdf

Epitropaki, O., & Martin, R. (2005). From ideal to real: a longitudinal study of the role of implicit leadership theories on leader-member exchanges and employee outcomes. *The Journal of applied psychology*, *90* 4, 659-76. https://doi.org/10.1037/0021-9010.90.4.659.

Fauzi, N., Johari, N., Zainuddin, A., & Chuweni, N. (2021). THE IMPORTANCE OF SUSTAINABILITY IMPLEMENTATION FOR BUSINESS CORPORATIONS. *PLANNING MALAYSIA*. https://doi.org/10.21837/pm.v19i17.1002.

Fiedler, F. (1978). El modelo de contingencia y la dinámica del proceso de liderazgo1. *Avances en Psicología Social Experimental*, *11,* 59-112. https://doi.org/10.1016/S0065-2601(08)60005-2.

Foro Económico Mundial. (2019). *The Global Competitiveness Report 2019*. Foro Económico Mundial. https://www.weforum.org/reports/the-global-competitiveness-report-2019

George, J. (2000). Emotions and Leadership: The Role of Emotional Intelligence. *Human Relations*, *53*, 1027 - 1055. https://doi.org/10.1177/0018726700538001.

Granstrand, O., & Holgersson, M. (2020). Innovation ecosystems: A conceptual review and a new definition. *Technovation*. https://doi.org/10.1016/j.technovation.2019.102098.

Guinot, J., Barghouti, Z., & Chiva, R. (2022). Understanding Green Innovation: A Conceptual Framework. *Sustainability*. https://doi.org/10.3390/su14105787.

Hartog, D., Muijen, J., & Koopman, P. (1997). Transactional versus transformational leadership: An analysis of the MLQ. *Journal of Occupational and Organizational Psychology*, *70*, 19-34. https://doi.org/10.1111/J.2044-8325.1997.TB00628.X.

Harsanto, B., Primiana, I., Sarasi, V., & Satyakti, Y. (2023). Sustainability Innovation in the Textile Industry: A Systematic Review. *Sustainability*. https://doi.org/10.3390/su15021549.

Henriksson, M., & Grill, M. (2023). Functional Leadership in a Changing and Bounded World: The Relevance of Managerial Behavioral Training. International *Journal of Organizational Leadership*. https://doi.org/10.33844/ijol.2023.60382.

Homan, A., Gündemir, S., Buengeler, C., & Kleef, G. (2020). Leading diversity: Towards a theory of functional leadership in diverse teams. *The Journal of applied psychology*. https://doi.org/10.1037/apl0000482.

Hristov, I., Chirico, A., & Ranalli, F. (2021). Corporate strategies oriented towards sustainable governance: advantages, managerial practices and main challenges. *Journal of Management and Governance*, *26*, 75-97. https://doi.org/10.1007/S10997-021-09581-X.

Ibrahim, F. (2022). The Role of Small Businesses in Sustainability. *International Journal of Humanities and Language Research*. https://doi.org/10.21608/ijhlr.2023.215936.1014.

IKEA. (2023). Sustainability strategy: People & planet positive. *IKEA*. Disponible en: https://www.ikea.com/global/en/our-business/

Jabbar, A., & Hussein, A. (2017). *El Papel del Liderazgo en la Gestión Estratégica*. https://doi.org/10.29121/granthaalayah.v5.i5.2017.1841.

Janoskova, K., & Král, P. (2021). *Innovation measurement: An extensive literature analysis*. SHS Web of Conferences. https://doi.org/10.1051/shsconf/202112905003.

Judge, T. A., Bono, J. E., Ilies, R., & Gerhardt, M. W. (2002). Personality and leadership: A qualitative and quantitative review. *Journal of Applied Psychology*, *87*(4), 765-780. https://doi.org/10.1037/0021-9010.87.4.765

Kantabutra, S. (2009). Toward a behavioral theory of vision in organizational settings. *Leadership & Organization Development Journal*, *30*, 319-337. https://doi.org/10.1108/01437730910961667.

Kim, W. (2022). The Relation between Business Strategy and Sustainable Tax Strategies. *The Academic Society of Global Business*

Administration. https://doi.org/10.38115/asgba.2022.19.4.111.

Konieczny, G., Kolisnichenko, P., Górska, M., & Górski, T. (2023). The Role of Well-Being In Sustainable Corporate Development of Companies. *Economics, Finance And Management Review.* https://doi.org/10.36690/2674-5208-2023-3-59-67.

Kuznetsova, I., & Fridlyanova, S. (2020). Development of Methodology for Statistical Measurement of Innovative Activity amid Reforming of International Standards. *Voprosy statistiki.* https://doi.org/10.34023/2313-6383-2020-27-1-29-52.

Lanzano, C. (2021). Sustainability. *The Anthropology of Resource Extraction.* https://doi.org/10.4324/9781003018018-9.

Lejbert, T., & Kovyazin, D. (2022). Impact of innovation on sustainability. *Vestnik BIST (Bashkir Institute of Social Technologies).* https://doi.org/10.47598/2078-9025-2022-2-55-16-19.

Lema, R., Kraemer-Mbula, E., & Rakas, M. (2021). Innovation in developing countries: examining two decades of research. *Innovation and Development, 11*, 189 - 210. https://doi.org/10.1080/2157930X.2021.1989647.

Liu, R., Yue, Z., Ijaz, A., Lutfi, A., & Mao, J. (2023). Sustainable Business Performance: Examining the Role of Green HRM Practices, Green Innovation and Responsible Leadership through the Lens of Pro-Environmental Behavior. *Sustainability.* https://doi.org/10.3390/su15097317.

Marx, T. (2015). The impact of business strategy on leadership. *Journal of Strategy and Management, 8*, 110-126. https://doi.org/10.1108/JSMA-06-2014-0042.

McCleskey, J. (2014). Emotional intelligence and leadership. *International Journal of Organizational Analysis, 22*, 76-93. https://doi.org/10.1108/IJOA-03-2012-0568.

Mubarak, M., Tiwari, S., Petraite, M., Mubarik, M., & Rasi, R. (2021). How Industry 4.0 technologies and open innovation can improve green innovation performance? Management of Environmental Quality: *An International Journal*. https://doi.org/10.1108/MEQ-11-2020-0266.

Newell, B. (2005). Re-visions of rationality?. *Trends in Cognitive Sciences*, *9*, 11-15. https://doi.org/10.1016/j.tics.2004.11.005.

Northouse, P. G. (2021). *Leadership:* Theory and practice. Sage publications.

Norris, W., & Vecchio, R. (1992). Situational Leadership Theory. *Group & Organization Management*, *17*, 331 - 342. https://doi.org/10.1177/1059601192173010.

Olczyk, M., Kuc-Czarnecka, M., & Saltelli, A. (2022). Changes in the Global Competitiveness Index 4.0 Methodology: The Improved Approach of Competitiveness Benchmarking. *Journal of Competitiveness*. https://doi.org/10.7441/joc.2022.01.07.

Oturakci, M. (2021). Comprehensive analysis of the global innovation index: statistical and strategic approach. *Technology Analysis & Strategic Management*, *35*, 676 - 688. https://doi.org/10.1080/09537325.2021.1980209.

Paduraru, T. (2023). Eco-innovation – a driver to sustainable businesses. *Development through Research and Innovation* - 2022. https://doi.org/10.53486/dri2022.08.

Panfil, C. (2023). Conceptual framework and coordinates of the innovation process. Studia Universitatis Moldaviae. *Ştiinţe Economice şi ale Comunicării*. https://doi.org/10.59295/sum11(01)2023_06.

Patagonia. (2023). *Environmental & social responsibility*. Patagonia. Disponible en: https://www.patagonia.com/environmental-responsibility/

Pigola, A., Costa, P., Scafuto, I., & Mazzieri, M. (2021). Why to research about innovation is challenge. *International Journal of Innovation*, *9,* 215-218. https://doi.org/10.5585/IJI.V9I2.20549.

Pless, N., Murphy, M., Maak, T., & Sengupta, A. (2021). Societal challenges and business leadership for social innovation. *Society and Business Review*. https://doi.org/10.1108/sbr-10-2020-0129.

Posner, B. (2016). Investigating the Reliability and Validity of the Leadership Practices Inventory. *Administrative Sciences*, *6*, 17. https://doi.org/10.3390/ADMSCI6040017.

Pryke, S., Badi, S., Almadhoob, H., Soundararaj, B., & Addyman, S. (2018). Self-Organizing Networks in Complex Infrastructure Projects. *Project Management Journal*, *49*, 18 - 41. https://doi.org/10.1177/8756972818049 00202.

PwC. (2020). The road to sustainable success: How sustainability is shaping the business strategies of global companies. *PwC*. Disponible en: https://www.pwc.com/gx/en/services/sustainability.html

Romanowski, R. (2021). *Sustainable development: Innovations in business*. https://doi.org/10.18559/978-83-8211-084-5.

Roukanas, S. (2021). Measuring Innovation of Countries. *KnE Social Sciences*. https://doi.org/10.18502/kss.v5i9.9892.

Sarta, A., Durand, R., & Vergne, J. (2021). Organizational Adaptation. *Journal of Management*. https://doi.org/10.1177/0149206320929088.

Schumpeter, J. A. (1942*). Capitalismo, socialismo y democracia*. Harper & Brothers.

Schyns, B., & Riggio, R. (2016). *Implicit Leadership Theories*., 1-7. https://doi.org/10.1007/978-3-319-31816-5_2186-1.

Schyns, B., & Schilling, J. (2011). Teorías de Liderazgo Implícito: ¿Pensar Líder, Pensar Efectivo?. *Revista de Investigación Administrativa*, *20*, 141 - 150. https://doi.org/10.1177/1056492610375989.

Seltzer, J., & Bass, B. (1990). Transformational Leadership: Beyond Initiation and Consideration. *Journal of Management*, *16*, 693 - 703. https://doi.org/10.1177/014920639001600403.

Sheridan, K., Miller, W., & Satterwhite, R. (2023). Centering intersectional sustainability in leadership education: A case for the sustainable development goals. *New directions for student leadership*, 2023 179, 21-30. https://doi.org/10.1002/yd. 20566.

Stogdill, R. M. (1948). Personal factors associated with leadership: A survey of the literature. *Journal of Psychology*, *25*(1), 35-71. https://doi.org/10.1080/00223980.1948.9917362

Stouten, J., Dijke, M., Mayer, D., Cremer, D., & Euwema, M. (2013). Can a leader be seen as too ethical? The curvilinear effects of ethical leadership. *Leadership Quarterly*, *24*, 680-695. https://doi.org/10.1016/J.LEAQUA.2013.05.002.

Susiati, D., Aisyah, S., Sentosa, I., Nainggolan, H., & Palembang, S. (2023). Sustainable Product Innovation as the Main Driver of Business Growth in the Green Economy Era. *West Science Business and Management*. https://doi.org/10.58812/wsbm.v1i04.246.

Ugolkova, O., Reverenda, N., & Lisovych, T. (2021). STATE AND TRENDS OF INNOVATION DEVELOPMENT IN EUROPEAN COUNTRIES. *Economic Analysis*. https://doi.org/10.35774/econa2021.03.067.

Unilever. (2021). Unilever Sustainable Living Plan: Progress report 2021. Unilever. Disponible en: https://www.unilever.com/sustainable-living/

Ven, A., & Poole, M. (1995). Explaining Development and Change in Organizations. *Academy of Management Review*, *20*, 510-540.

https://doi.org/10.5465/AMR.1995.9508080329.

Vega, V., & Comas, R. (2017). *Gestión del cambio y Dirección Estratégica*. Quito: El Siglo.

Vera, D., & Crossan, M. (2004). Liderazgo Estratégico y Aprendizaje Organizacional. *Revista de la Academia de Administración*, *29*, 222-240. https://doi.org/10.5465/AMR.2004.12736080.

Walmart. (2023). *Sustainability: Our commitment to the planet*. Walmart. Disponible en: https://corporate.walmart.com/esgreport/

Waldner, S. (2023). Sustainable leadership. *Scandinavian Journal for Leadership and Theology*. https://doi.org/10.53311/sjlt.v10.78.

Weick, K., & Quinn, R. (1999). Organizational change and development. *Annual review of psychology*, *50*, 361-86. https://doi.org/10.1146/ANNUREV.PSYCH.50.1.361.

Yukl, G. (2019). *Leadership in organizations*. Pearson.

Zaccaro, S. J. (2007). Trait-based perspectives of leadership. *American Psychologist*, *62*(1), 6-16. https://doi.org/10.1037/0003-066X.62.

Zaiats, T. (2020). *Problems of State Regulation of Innovative Activity in Construction*. https://doi.org/10.32782/2224-6282/162-4.

Acerca de los Autores

Vladimir Vega Falcón

Doctor en Ciencias Económicas (Universidad de La Habana, Cuba, 1998); Máster en Gestión de Empresas Turísticas (Universidad de Las Palmas de Gran Canaria, España, 2002); Máster en Innovación Empresarial y Emprendimiento (ICEB, Barcelona, España, 2024). Consultor empresarial de: CIH (Consultoría Internacional Habana, S.A., 1999-2009); Oficina Interfaz Mercadú, S.A. (Varadero, Cuba, 1999-2009); CONAS (Consultores Asociados S.A., 2009-2014); Autónomo (Barcelona, España, 2024), brindando servicios de consultoría en empresas turísticas de Cuba (cadenas hoteleras como Meliá Hoteles y otras); Ecuador (Asesor de la Gerencia Regional Amazónica de Turismo); México (Consultor de desarrollo de varios productos turísticos en el Estado de Tabasco); Brasil y España. Premio de la Academia de Ciencias de Cuba (1998). Miembro de diversas asociaciones y organizaciones: Grupo de Investigación RECIT (Universidad de Girona, España, 2000-2006); Grupo de Investigación IMACC-ev. (Valencia, España, 2002-actual); Encyclopedia of Neutrosophic Researchers (Estados Unidos, 2021-actual); vicepresidente profesional de pAICOGestión en Ecuador (2020-2023); Sociedad Internacional de Gestión y Economía Fuzzy (España, 1997-actual); Director de Investigación y Consultoría Organizacional en el International Center for Entrepreneurs in Barcelona, España (2023-actual).

David Salas Granda

Abogado de los tribunales del Ecuador, Universidad "UNIANDES", Ecuador, 2022. Egresado de la carrera de Administración de Empresas de la Universidad "UNIANDES", 2024. Docente de la Universidad "UDET". actual. Secretario Procurador de la Universidad "UDET", Ecuador, 2023, actual. Abogado de libre ejercicio de la firma jurídica THEMIS. Ecuador. Orador escritor desde los 10 años.

Wilson Salas Álvarez

Doctor, PhD en Ciencias Técnicas (Universidad De Matanzas, Cuba, 2020); Magister en Gerencia de Proyectos de Ecoturismo (Universidad Técnica de Ambato, Ecuador 2012); Licenciado en Ciencias de la Educación mención Lengua y Literatura, (Universidad Particular de Loja, Ecuador, 2005). Rector de la Universidad de Especialidades Turísticas "UDET", Ecuador 2021. Decano de la Facultad de Dirección de Empresas de la Universidad "UNIANDES". Ecuador, 2012 a 2020. Docente investigador de las Universidades UNIANDES, TÉCNICA

DE AMBATO Y UDET. Autor de libros en las áreas de turismo, gastronomía, administración, e históricos culturales. Reconocimiento de las Universidades: Matanzas, Republica de Cuba y la Universidad de Trujillo – Perú, por la cooperación en la publicación de libros y artículos científicos, con docentes de la Universidad.

Bayardo Monteros Vaca

Ingeniero en Contabilidad y Auditoría (Universidad Central del Ecuador, Ecuador 2015). Egresado Maestría en Tributación (Universidad Andina Simón Bolívar, Ecuador 2013). CPA Licenciado en Contabilidad y Auditoría (Universidad Central de Ecuador, Ecuador 2003). Contador (Universidad de Especialidades Turísticas UDET, Ecuador, 2021 - actualidad) Contador (Universidad Internacional SEK, Ecuador, 2017-2021) Contador (MEDINUCLEAR, Ecuador, 2014-2017) Contador (TOPVISION S.A., Ecuador, 2014 - actualidad) Asesoría tributaria, laboral y servicios.

AVAL 1

Nombre y apellidos del evaluador: Jorge David Cerón Gordón

Grado académico: Magister

Institución donde labora: Universidad Indoamérica

Cargo o función que desempeña: Especialista en Vinculación

El libro "Liderazgo, Innovación y Sostenibilidad: Una Visión desde la Empresa" es una obra de gran valor que logra combinar el rigor académico con una clara orientación práctica, constituyéndose en un recurso imprescindible para líderes empresariales, emprendedores y estudiantes de negocios. Su estructura, claramente delineada en cuatro capítulos, aborda de manera exhaustiva temas fundamentales como el liderazgo, el cambio organizacional, la innovación y la sostenibilidad, estableciendo conexiones entre estas áreas clave que son vitales en el contexto empresarial contemporáneo.

Uno de los grandes méritos de esta obra es su enfoque holístico. Los autores realizan una revisión detallada de las teorías del liderazgo y los enfoques contemporáneos, integrándolos con casos reales de éxito que ilustran la aplicabilidad de estos conceptos en diversos contextos, desde el mundo corporativo hasta el deportivo. Asimismo, las secciones de preguntas reflexivas y resúmenes permiten al lector consolidar el conocimiento adquirido, fomentando la reflexión crítica y la aplicación práctica de los conceptos.

Además, el libro sobresale por su actualización y relevancia. La inclusión de teorías y enfoques actuales como el liderazgo transformacional y la sostenibilidad empresarial muestra una comprensión profunda de las necesidades y retos que enfrentan las organizaciones en la actualidad. Los autores no solo exponen conceptos, sino que ofrecen una guía práctica para la aplicación de estos principios, ayudando a los lectores a enfrentar los desafíos de un entorno en constante cambio.

En resumen, esta obra destaca por su clara redacción, adecuada estructura y por la pertinencia de los temas tratados, ofreciendo una combinación equilibrada de teoría y práctica. El lector encontrará en sus páginas un recurso valioso para mejorar su desempeño profesional y adquirir una comprensión profunda de los factores clave que contribuyen al éxito empresarial.

_____

CI:1803285640

AVAL 2

Nombre y apellidos del evaluador: Fausto Fabricio Garzón Mosquera

Grado académico: Magister

Institución donde labora: Universidad de Especialidades Turísticas UDET

Cargo o función que desempeña: Docente

El libro Liderazgo, Innovación y Sostenibilidad: Una Visión desde la Empresa, constituye una contribución significativa al campo de la gestión empresarial, no solo por la profundidad con la que aborda los temas, sino también por su capacidad de ofrecer una síntesis accesible de teorías complejas. A lo largo de sus capítulos, los autores logran articular de manera brillante el nexo entre liderazgo, innovación, cambio organizacional y sostenibilidad, temas que son de creciente relevancia en el ámbito empresarial actual.

Uno de los puntos fuertes de este libro es su enfoque dinámico y actual. La obra no se limita a una exposición teórica, sino que se complementa con casos de éxito, tanto reales como hipotéticos, que permiten al lector visualizar cómo las teorías pueden aplicarse de manera efectiva en situaciones del mundo real. Este enfoque práctico, junto con las preguntas de reflexión y ejercicios, enriquece la experiencia de aprendizaje y proporciona al lector herramientas concretas para implementar los conceptos discutidos.

Por otro lado, la claridad y coherencia en la redacción convierten este libro en un recurso accesible y útil tanto para estudiantes como para profesionales. La manera en que los contenidos se organizan y conectan demuestra una gran capacidad pedagógica, lo que facilita la comprensión de temas complejos como la disrupción en las organizaciones o el liderazgo ético. La obra, además, destaca por la relevancia de los ejemplos incluidos, que van desde casos empresariales hasta situaciones en el deporte, lo que amplía el contexto y enriquece las perspectivas de aplicación.

En definitiva, este libro es un aporte valioso para quienes deseen profundizar en temas fundamentales del liderazgo y la gestión empresarial. La combinación de teorías actualizadas, ejemplos aplicados y la capacidad de promover la reflexión crítica lo convierten en un recurso esencial para enfrentar los desafíos que presenta el entorno empresarial actual.

_____

CI: 1724200553

Fabricio Garzón Mosquera

www.ingramcontent.com/pod-product-compliance
Lightning Source LLC
Chambersburg PA
CBHW052253220526
45471CB00001B/318